初心者が
失敗しない

取引所だけが書ける
「仮想通貨」
投資術

伊藤誠規

イースト・プレス

はじめに

　昨今、ブロックチェーンとビットコインは毎日のようにメディアで取り上げられるようになり、その存在が広く知られています。2016年12月時点で約120億ドルだったビットコインの時価総額は、2017年12月7日には一時的に3,200億ドル（約36兆円）を超え、わずか1年でなんと約25倍まで急上昇しました。その動向が今、世界から注目されています。

　日本国内では、2017年4月に仮想通貨の法的規制である改正資金決済法が施行され、仮想通貨が決済手段の一つとして認められるようになりました。取引所は「仮想通貨交換業者」として登録制になるなど、利用者保護に特化した法整備としては世界を大きくリードし、今後はさらに整備が進んでいくものと見られています。そうした背景も含めて、ブロックチェーンとビットコインは私たちにとってますます身近なものになっていく傾向にありますが、その実態についてはまだよくわからないという人が多いのではないでしょうか。

　そこで本書では、仮想通貨のなかで現在最も取引されているビットコインに焦点をあて、その基礎的な事項をはじめ、魅力、取引の方法や活用法について初めての方にもわかりやすく紐解

いていきます。

　私はこれまで10年以上、FX事業に携わってきました。株式やほかの金融商品より優れた投資商品としてFXの魅力をみなさんにお伝えし、投資の対象としていただきたいと考えていました。そして仮想通貨が登場した今、FXよりもさらに魅力的な金融商品と考え、ぜひおすすめしたいと考えています。

　現在も仮想通貨は驚くべきスピードで進化しています。取引量の増加による時価総額の拡大だけでなく、決済や送金、契約などの手段としてのさらなる普及を視野にさまざまな通貨が生まれ、改良され続けています。そのため、現在はビットコインが主流ですが、この先ビットコインに代わる新たな通貨が登場する可能性は大いにあります。成長のスピードがあまりにも速いため、10年後はおろか、1年後にどうなっているのか想像することも容易ではありません。

　このような仮想通貨の成長と普及が、近い将来「お金」の概念そのものを変えると私は確信しています。なぜなら、目に見えず、手に取ることもできない仮想通貨のシステムを支えるブロックチェーンという仕組みが、目に見える、手に取れるもの以上の信頼性を仮想通貨にもたらしているからです。

　ブロックチェーンは一言で表すなら「データを記録する仕組み」の一つです。その最大の特性は、国ではなく世界中のユー

ザー同士が監視し合いながらみんなで管理する「非中央集権型」であるということです。これにより、あらゆる情報の管理・やりとりが容易になるだけでなく、その情報は極めて改ざんされにくいものとなります。ブロックチェーンの革新性については本編で詳しく触れますが、ビットコインをはじめとする仮想通貨の「通貨」としての信頼性は、この技術によって裏付けられています。今後、仮想通貨は金融だけでなく国や世界を変え、私たちの暮らしや働き方を変えていくでしょう。例えば国が発行する証明書や婚姻・出生等の手続き、医療のカルテ、不動産、保険、さらにはビジネス契約などもブロックチェーンによって管理することが可能であるといわれています。そうなれば、大多数の事業は人間の手から離れて動くようになり、社会の仕組みそのものが変わっていくに違いありません。この革命的な技術によって普及しつつある仮想通貨に、私は未来を感じています。

　とはいえまだまだ普及の最中にある現状は、過去の例を辿ればITバブルの時代と似ているのではないでしょうか。ITに関してまだ認知度がないころにウイルスや詐欺などの危険性が叫ばれましたが、そんななかでもITベンチャー企業が登場し、新たな仕組みが構築されて進化していくにつれ、私たちの生活に欠かせないものとなっていきました。そのプロセスと同じように、

仮想通貨も次第に不可欠なインフラとして浸透していくのではないかと私は考えています。

　技術的な話が長くなりましたが、仮想通貨が現在多くの人から注目される最たる理由は、やはり投資対象として魅力的だからでしょう。本書を手に取った方の中には、これから投資を始めようと思っている方やすでに始めている方が多くいるのではないでしょうか。その取引価格の高騰により「億り人（おくりびと）」という言葉まで登場するようになった昨今、仮想通貨の価格変動の大きさはまさに注目を浴びています。ビットコインは比較的低額で投資できるので、投資自体が初めての人でも手軽に始められます。投資にはリスクがつきものですが、経済や社会情勢をウオッチして、それに応じて運用することでリスクを軽減することができます。幸いにも現代は、インターネットをはじめとするメディアにおいてさまざまな情報が飛び交っています。そのなかからみなさん自身が必要な情報を選び取り、投資に活かすことができるようになるでしょう。投資は、社会への関心を高め、経済の動きへの洞察力を育むきっかけともなるはずです。本書がその後押しとなることを願っています。

　仮想通貨の投資を通じて、みなさんの生活がより豊かになれば幸いです。

CONTENTS

はじめに 2

CHAPTER. 0
今ビットコインに投資をする理由 11

1 世界中のみんなで管理する安心安全なコイン 12
2 送金手数料が安い 14
3 スマホでラクラク、投資も決済も手軽に 16
4 拡大していく仮想通貨市場 18
5 24時間365日、いつでも取引OK 20
6 低額で始められる 22
7 わかりやすい値動きの要因 24

Column 1 「電子データ」はニセモノ?ホンモノ? 26

CHAPTER. 1
ビットコインの基礎知識 27

8 仮想通貨って何？ 28
9 仮想通貨と法定通貨の違いって？ 30
10 仮想通貨と電子マネーの違いって？ 32
11 ビットコインってそもそも何？ 34
12 ビットコインで何ができる？ 38
13 ビットコインはどうやって作られるの？ 42
14 マイニングとは？ 44
15 ビットコインを手に入れるには？ 46
16 ブロックチェーンとは？ 48
17 ICO とは？ 54
18 アルトコインとは？ 58
19 草コイン・詐欺コイン 68

Column 2　通貨初めて物語1　73

CHAPTER.2
今日からはじめるビットコイン取引 75

20 取引所の種類と選び方を見てみよう　76

21 各取引所の特徴を知っておこう　78

22 取引所と販売所は、どう違う?　82

23 海外取引所をすすめられない理由　84

24 取引所に登録しよう　86

25 取引口座に入金しよう　90

26 2段階認証は忘れずに!　92

27 まずは現物取引をはじめよう　94

28 取引画面の見方を覚えよう　96

29 チャートの見方を覚えよう　100

30 ビットコインの基本的な注文方法　104

Column 3　通貨初めて物語2　107

CHAPTER. 3
損をしないための基本戦略　109

31 今後の動きを予測してみよう　110
32 レバレッジを有効に使おう　116
33 チャートを分析しよう　124
34 損をしないための取引方法　136
Column 4　まったく普及しなかった日本の貨幣　143

CHAPTER. 4
勝率を上げるために　145

35 自分に合った投資スタイルを見つけよう　146
36 失敗するパターン例　150
37 自分の投資スタンスを決めよう　154

38 ビットコインの保管方法〜ウォレットの選び方・使い方〜　　156

39 ビットコインの税金についても知っておこう　　160

40 最新情報をチェックしよう
〜ビットコイン関連情報サイト紹介〜　　162

Column 5　金貨でコーヒーは買えるのか？　　165

Column 6　インチキできない「改ざん不可能な電子データ」　　166

おわりに　　168

これだけは知っておくべき 用語・キーワード　　171

Index　　178

CHAPTER.0

今ビットコインに投資をする理由

₿

急激な相場上昇から新たな投資対象として
注目される仮想通貨。
なかでも代表格は「ビットコイン」ですが、
どのような点が投資家を魅了するのでしょうか?
その魅力をダイジェストで説明します。

世界中のみんなで管理する安心安全なコイン

安全な取引を支えるブロックチェーン

　仮想通貨という言葉のとおり、ビットコインは実体のないデジタル通貨です。いわば電子データに過ぎないため、所有している実感がなく不安を覚える方も少なくはないでしょう。

　ビットコイン取引は、分散型台帳システムである「ブロックチェーン」によって管理・記録されています。この仕組みにおいては、中央に管理者が存在しません。その代わり、世界に存在するネットワーク参加者がお互いに監視し合い、その取引が正しいと承認することで取引が成立しています。つまり、取引はすべて公開で行われ、世界中の誰もがそれを見ることができるということです。このようななかで不正な送金が行われようとした場合やあるいは不正な取引が承認されようとした場合、ほかのネットワーク参加者によって不正な取引が行われたことがわかってしまうのです。

　また、これまでのやりとりはブロックチェーンによってすべて一本の鎖のように繋がって記録されているため、過去に遡ってデータを書き換えることが極めて困難です。そのため不正な操作や改ざんなどは行われにくい仕組みだといえるでしょう。

CHAPTER.0 今ビットコインに投資をする理由

　こうした安全性が信頼につながり、ビットコインの人気の理由の一つとなっています。

ビットコインは新たな投資法といえるのかもしれないな

安全性に反して、
まだまだ不安定なイメージを
抱く人も多いみたいね

2 送金手数料が安い

今後変わるといわれる「海外送金」の手段

　ビットコインのやりとりはネットワークを介して行われるので、ネット環境があれば世界中のどこにでも送金することができます。また、銀行の海外送金などと比べて送金手数料も比較的安い点がビットコインの大きな魅力といえるでしょう。

　通常、銀行などの金融機関を介して日本円を海外へ送金する場合は、送金相手の国の通貨への両替手数料や銀行など金融機関の手数料がかかります。一方、ビットコインの場合はそうした手数料が安く済むので、送金コストをぐんと抑えることができるのです。

　例えば海外に住む家族に仕送りをするときや災害地へ日本円で寄付をするとき、送金額によっては手数料を取られるとほとんど送金相手の手元に残らないというケースもあります。そんなときにビットコインを使えば送金額を大きく減らすことなく、しかも相手の手元に直接届けることができるというわけです。

　海外への送金がしやすくなれば、海外サイトでの買い物などもより手軽に楽しめるようになるのではないでしょうか。

> 手軽にできる海外送金

日本円で送金した場合

ビットコインで送金した場合

> 今後は銀行の送金システムに代わって仮想通貨経由になるとも予想されています

3 スマホでラクラク、投資も決済も手軽に

資産管理の新しい選択肢となり得るビットコイン

　ビットコインを始めるのに、特別なツールは必要ありません。多くの取引所では、今や私たちの生活に身近なスマートフォンが1台あればすぐにでも取引を始めることができます。もちろんパソコンやタブレットでもできますが、24時間365日取引ができるビットコインを使うには、やはりいつでもどこでも持ち運べるスマホが最適といえるでしょう。

　スマホ用のウォレットアプリをダウンロードしてビットコインを移しておけば送金、受け取り、支払いなどもすべてスマホ1台で済ませられるので、財布を持ち歩くのと同じ感覚で実に手軽です。取引所と連携したウォレットなら、ビットコインの取引ができるだけでなく、購入したビットコインをそのまま支払うことも可能です。もちろん運営会社の違うウォレット同士のやりとりも問題なく行うことができます。

　実店舗での支払いの際は、スマホのカメラでQRコードを読み取るだけ。カンタンなうえに高額を持ち歩いてもかさばりません。また、ネットショッピングの際にもクレジットカードのようにフィッシング詐欺にあうことはありません。

CHAPTER.0 今ビットコインに投資をする理由

　スマホがあれば支払いも送金も投資もできる。自分の資産をすべてスマホで管理することも近いうちに可能になるのかもしれません。

> ビットコインで支払い可能な店舗

・H.I.S.
・コジマ
・ソフマップ
・トミヨシミュージックスクール
・メガネスーパー
・ビックカメラ…など

ビットコインで支払いができるお店が増えているのね

4 拡大していく仮想通貨市場

仮想通貨はジェットコースター？

　2017年、仮想通貨市場は急激な拡大を見せました。本書でクローズアップしているビットコインの取引価格は年初の10万円前後から一時的には200万円を超え、約20倍の値上がりを記録しました。またアルトコインについても、リップルは約350倍、イーサリアムは約100倍まで値上がり、急成長を遂げています。

　2018年1月に国内大手取引所で仮想通貨の流出があり暴落しましたが、一方でまだまだ成長を続け、近い将来1,000万円を突破するのではないかと予想する声もあります。実際にどこまで上がるのか予測するのは容易ではありませんが、乱高下を繰り返しながらも徐々に値を上げていくのではないかというのが現在の多くの見方です。

　新たに仮想通貨を取引しようとする人の大半は、まずはビットコインに投資するのではないでしょうか。そのため、現在ではビットコインが仮想通貨市場において最も大きな時価総額を占めています。また、あらかじめ発行上限が決まっていることも値上がりが期待される理由の一つとして挙げられるでしょう。

CHAPTER.0 今ビットコインに投資をする理由

新たに誕生し続けているアルトコインの多くはいまだ投資対象としてあまり知られていませんが、その分成長が見込めるということにもなります。最近では、「億り人（おくりびと）」という言葉が話題になりました。短期間で億単位の利益を得た投資家をこう呼ぶのですが、成長の期待される仮想通貨に投資をすれば、それも決して夢で終わらないかもしれません。

ただし、多くの仮想通貨は価格変動が大きいため、投資するにはリスクを伴うことになります。短期間の値動きが大きいため損をする可能性ももちろんありますし、投資した仮想通貨が必ずしも値上がりするわけではありません。投資する仮想通貨について充分に情報収集しながら値動きを見るようにしましょう。

ほかの投資商品にはない価格変動の大きさが魅力的

5 24時間365日、いつでも取引OK

急な相場変動にも対応可能な売買システム

　投資というと株式やFXを想像する方も多いでしょう。これらは仮想通貨と比べて市場の規模も大きく、なにより多くの投資家にとって「見知った」「安心感のある」投資商品だと思います。では仮想通貨にしかない魅力とは何でしょうか。その一つとして、時間にとらわれず取引できる点が挙げられます。

　株式やFXの投資を始めてみたいと思っても、時間がなくてなかなかできないという方も少なくないのではないでしょうか。株式の場合は証券取引所が開いている平日9時から15時（11時30分から12時30分は休憩）しか行えません。また、FXの取引は24時間行えますが休日はできません。一方、ビットコインの取引は24時間365日、相場が休みなく稼働しているため、いつでもどこでも取引を行うことができます。平日の仕事が忙しくて時間が取れないという方や夜間・休日に取引したい方でも生活サイクルに合わせて投資できるところが、ビットコインの大きな特徴であり魅力といえるでしょう。

　投資にはタイミングがとても大切です。ビットコインの相場は動きがとても速いため、急な価格変動もしばしばありますが、

CHAPTER.0 　今ビットコインに投資をする理由

そのような際にも取引機会を逃す心配はありません。仮想通貨の相場をチェックするスマホアプリもさまざまあるので、価格変動に合わせて24時間365日売買することが可能です。

6 低額で始められる

まずは少額から売買に慣れる

　投資をしようと思っても、充てられる資金がそれほど多くないという方も多いのではないでしょうか。例えば株式投資を始める場合は、1株が数百円だとしてもそのほとんどが1単元100株以上なので、最低でも数万円の資金が必要となります。そのうえ手数料がかかるとあれば、ハードルが高いと感じてしまうのも無理はありません。一方、ビットコインはずっと少ない額から始めることができるので、これから投資をしてみたいと考えている方には最適です。

　1BTCが100万円だとすると、購入するには資金が足りない……と思ってしまう方もいるかもしれません。しかし、ビットコインの最低投資単位は、取引所にもよりますが、0.01BTCもしくは0.001BTCが一般的です。つまり、1BTCが100万円だとしても1万円または1,000円あれば購入することができるということです。

　投資自体に慣れていないのであれば、おこづかい程度の少額から始めて実際に投資をしながら情報収集して知識を深め、徐々に額を増やしていくのもいいかもしれません。無理のない

CHAPTER.0 今ビットコインに投資をする理由

範囲で投資を体験できるという意味で、初心者の方にとって始めやすいといえるでしょう。

さらに、ビットコイン価格の高騰により「BTC」よりもさらに小さな単位の導入も検討されています。そうなれば、投資もより低額で始めることができるようになるかもしれません。

7 わかりやすい値動きの要因

需要と供給のバランスによるシンプルなリターン

　ビットコインの値動きに影響を及ぼすのは単純に需要と供給のバランスであるといえるでしょう。ビットコインは特定の国が管理しているわけではないため、ある国の情勢や経済に影響されることがほとんどないからです。このような相場であるからこそ、「安いときに買い、高くなったら売る」というシンプルな取引手法で利益を出しやすいのです。

　さらに仮想通貨は価格変動が大きく、1日で急上昇することもあれば逆に暴落することも頻繁にあります。これは、株式やFXと比べて現状では市場参加者が多くないためです。例えば、取引の量が少ない市場においてある一部の人が大量に買い注文を出せば、需要が多くなるので価値が上がります。参加者が少なければ、一人ひとりが市場へ及ぼす影響が大きくなるのです。値動きの幅が大きければ、基本的な取引手法であってもより大きなリターンが期待できるため、これから投資を始める人にとってはまたとないチャンスといえます。

　純粋に需給バランスのみによって価格変動が起こっているよ

うに見受けられますが、仮想通貨に関するニュースが需給バランスに影響を与えることもあります。ポジティブなニュースを受けて大きく値上がりすることもあるので、日ごろから最新情報をチェックしておくと良いでしょう。

> ビットコイン投資の魅力まとめ

①世界中のみんなで管理する安全なコイン
②送金手数料の安さ
③スマホ1台でできる投資
④市場が拡大している
⑤ 24時間365日、取引可能
⑥低額で投資ができる
⑦値動きを左右するのは需要と供給のバランスのみ

Column 1 「電子データ」はニセモノ？ホンモノ？

通貨の定義ってなんでしょう？

「仮想通貨」という言葉に、私たちはつい惑わされがちです。まるで「本当は存在していない」ような印象があるからでしょう。最近は違う呼び名も登場してきているようですが、さて実際のところ、電子データである仮想通貨は本当に信用できないのでしょうか。

今の私たちの日常は電子データと密接に結びついています。例えばスマートフォンに保存された画像データや音楽データ、仕事のファイルや銀行の預金残高、これらはすべて電子データにすぎません。では、あなたのスマートフォンに保存した大切な写真はニセモノなのでしょうか。そんなことはありませんよね。一方で、誰かが空想で書いた歴史書があったとしても、本になってさえいればホンモノというわけでもありません。これらの違いは紙という物質に記録された情報か、半導体に記録された情報かという点のみで、「電子データのかたまり」はちゃんとこの世に存在しているわけです。なくなるかもしれないという意味では、紙も燃えれば灰になってしまうわけですから、物質的に手に取れるかどうかということには、それほど意味はないのです。

ここで一番肝心なのは、「変造が可能か不可能か」、「複製が作れるか作れないか」、もしくは「変造や複製の手間が割に合うか合わないか」。それらの条件をきちんと満たして、かつ「知らないうちに消失したりしない」のであれば、本質においては、私たちが普段使っているお金と仮想通貨には、なんら変わりがないのです。

CHAPTER. 1

ビットコインの基礎知識

₿

仮想通貨の代表格であるビットコインは今、
世界中で注目を集めていますが、
一体どんなものなのでしょうか。
その概要から成り立ち、
何ができるかなど基礎知識について解説します。

8 仮想通貨って何？

ネットワークを通じて取引するバーチャルな通貨

　ビットコインは現在、仮想通貨の代表的存在として広く知られています。では、ビットコインの大きな括りである仮想通貨とは一体どんなものでしょうか。

　仮想通貨は、ネットワークを通じて使えるバーチャルなお金の一種です。紙幣や硬貨と違って、手に取ることはできません。日本では「仮想通貨」と呼ばれることが多く、海外では主に「Cryptocurrency（暗号通貨）」と呼ばれています。国や規制の制約に縛られることなく、不特定多数の人々がネットワークを介して商品を購入したりサービスを交換したりすることを目的として作られました。その存在は見たり手に取ったりすることはできませんが、私たちが普段使っている通貨と同じく送金、受け取り、投資などに使うことができます。その代表的な存在が、本書で取り上げているビットコインです。世界中にはそれ以外にも1000種類以上の仮想通貨が存在しているといわれています。

　多くの仮想通貨には国や中央銀行といった発行主体が存在せず、誰もが自由に発行することができます。そのため世界中で

多くの仮想通貨が流通しています。それを可能にしているのが「ブロックチェーン」です。ブロックチェーンとは、仮想通貨が発行されてから現在までに発生した取引をすべて記した台帳のこと。ネットワーク参加者が取引をお互いに監視しながら取引記録を共有するため、データ消失の心配がなく、安全に保たれています。

また、仮想通貨には発行上限があるものが多く、供給量が常にコントロールされています。ビットコインの場合は発行上限が2,100万BTCと決まっていて、2140年頃にはすべてのコインが発行される計算です。供給量が限られている点では「金」と似ているとよくいわれます。通貨の価値が保たれるため、インフレが起こりづらい構造となっているのです。

ブロックチェーンによって取引が記録されている仮想通貨

仮想通貨と法定通貨の違いって？

どの国にも属さない「国際通貨」

　私たちが普段使っている円や米ドル、ユーロなどは法定通貨と呼ばれるものです。仮想通貨と法定通貨は実体が存在するかどうかという明らかな違いはあれど、どちらも通貨であり、決済や価値の交換に用いることができます。では、どこが違うのでしょうか？

　最も大きな違いは、発行主体の有無にあります。円を例に挙げると、発行主体は日本銀行。発行主体があり、金銭債務の弁済手段としての法的効力を持つ通貨として、その価値が認められています。円や米ドル、ユーロなどが相互に交換できるのは、その発行主体である国や地域が信用されているからです。経済が発展していて対外的に認められている通貨だからこそ、ほかの国の通貨と交換することができます。

　それに対して、ビットコインをはじめ多くの仮想通貨には発行主体が存在しません。出処がわからないようで不安になるかもしれませんが、国などの発行主体をもたないということは、発行主体の経済状況や信用に影響されないということです。ビットコインは運用開始以来、特定の主体の管理下に置かれること

なく、安全に動き続けています。

　そしてもう一つ、発行上限の違いが挙げられます。法定通貨は発行上限が決まっていないため、通貨の流通を多くしたい場合は多く発行し、量が増えた場合は発行の量を減らすなどして、景気を調整することができます。通貨の価値は需要と供給によって決まります。そのため流通量が増えればその分、通貨の価値が下がり、インフレの原因となる可能性があります。

　一方、仮想通貨の場合、ビットコインの例でいえば発行上限があらかじめ約2,100万BTCと決まっています。2009年に運用が始まってから約10分ごとに発行されていて、2140年頃までにすべてが発行される予定です。ビットコインは国の金融政策に左右されることがないため、量が増えて価値が下がることはありません。ただし、法定通貨との交換価格が乱高下するケースがあるので、注意しましょう。

	法定通貨	仮想通貨
種類（例）	日本円	ビットコイン
実体	あり	なし
発行量	上限なし	上限あり
発行主体	日本銀行	なし
価格変動要因	物価、為替、金利	需要と供給
用途	決済、送金、預金、投資ほか	

10 仮想通貨と電子マネーの違いって？

単位が「円」か「BTC」かの違い

　形の見えないお金で支払いをするという点においては、仮想通貨と電子マネーは一見同じように見えます。そのため電子マネーに似た存在と考えられるケースが多くあります。では、電子マネーと仮想通貨はどこが違うのでしょうか？

　ここでもまず挙げられるのは発行主体の有無です。例えばSuicaはJR東日本、nanacoはセブン・カードサービスというようにそれぞれ発行主体があります。一方、先述の通り多くの仮想通貨には発行主体がありません。

　そのため日本に発行主体をもつSuicaやnanacoは海外で使うことはできませんが、仮想通貨は世界中で決済に利用できるグローバルな通貨なのです。

　また、電子マネーはICカードをかざすことで支払いをするケースが一般的ですが、仮想通貨の場合は「ウォレット」アプリをスマホにダウンロードして使います。お店が決済用のアプリに金額を入力してアドレスを取得し、そのアドレス宛に仮想通貨を送金することで支払いができます。アドレスはQRコードに変換して読み取ることができるので、とても手軽でスムー

ズです。

　加えて、電子マネーはチャージしてしまうと他人に譲渡することができないものが多く、決済に特化したシステムですが、ビットコインは決済だけでなく他人への譲渡や受け取りが可能です。

　そして最後に、大きな違いとして通貨単位があります。電子マネーはあくまでも「円」の代替物であり、使う額をチャージすることでデータとして記録し、使用します。一方仮想通貨は、ビットコインを例に挙げれば単位は「BTC」。円や米ドル、ユーロなどと交換することもできる、独立した通貨なのです。

	電子マネー	仮想通貨
種類（例）	suica、nanaco	ビットコイン
通貨単位	円	BTC
投資	×	◯
発行主体	◯	×
使用場所	日本のみ	世界中
決済	◯	◯
譲渡	×	◯

11 ビットコインってそもそも何？

　仮想通貨の中でも現在最も広く知られるビットコインについて、性質や特徴を見てみましょう。なぜ注目されるのか、その誕生から紐解いていきます。

ビットコインの誕生

　ビットコインの始まりは2008年11月。「サトシ・ナカモト」を名乗る人物がオンラインコミュニティに発表した論文『Bitcoin: A Peer-to-Peer Electronic Cash System（ビットコイン：P2P電子通貨システム）』から誕生しました。「サトシ・ナカモト」は日本人の名前ですが、本当に日本人かどうか、そもそも個人かどうかさえいまだに謎のままです。2009年1月、論文の内容に基づいて「サトシ・ナカモト」が実装したとみられるプログラムがインターネット上で配布され、運用され始めました。

　運用開始直後は、ビットコインは例えるならゲーム内で使えるコインのような位置づけであったため、その価値はほとんど認められていませんでした。そんなビットコインが初めて決済に用いられたのは、2010年5月22日。アメリカのフロリダで、あるプログラマーが「ビットコインでピザを買いたい」とビッ

トコイン開発者のフォーラムに投稿したところ、ピザ2枚に対して1万BTC（ビットコイン）の支払いが認められ、初めてビットコインにお金としての価値が生まれました。1万BTCは現在のレートで約100億円！（1BTC＝100万円で換算した場合）いま思えばなんと高価なピザだったことでしょう。実際に決済に利用されたという事実がきっかけとなり、その価値が次第に認められ、注目され始めました。今では仮想通貨の代表格として、世界中で知られるようになっています。

国ではなく参加者みんなで管理している

　ビットコインの最大の特徴は、管理者が不在ということです。日本円を一例に挙げれば、発行する量を決めるのは国（日本銀行）であり、預金や支払いといった私たちの財産の管理は銀行などの金融機関が行います。一方、ビットコインの場合はどこかの国が発行するわけではなく、また金融機関が管理しているわけでもありません。ではどうやって管理するのかというと、ネットワークの参加者たちによって「あらかじめ決められたシステム」に従って運用されているのです。ビットコインは、世界中に存在する参加者たちがお互いに承認することで、取引の安全性を保っています。「国によって価値が保証されたお金」を

国の管理下で交換するのが当たり前であったことを思えば、これは革命的なことです。それを支えているのは、「P2P（ピア・ツー・ピア）ネットワーク」による分散処理システムです。管理者が存在せず、特定のサーバもありません。そのことが逆に強固なネットワーク構築を実現し、データの改ざんも防いでいるのです。運用が始まってから今まで一度も停止状態になったことがないのがその証といえるでしょう。

「ウォレット」で持ち運ぶバーチャルなお金

　ビットコインは実体のないバーチャルなお金です。目で見ることも手に取ることもできないビットコインをどうやって持ち運ぶのでしょうか。

　ビットコインは、「ウォレット」と呼ばれるバーチャルな財布に入れて持ち運びます。スマホや PC などに専用のアプリをダウンロードして、ビットコインの保管や送金、受け取りに使います。ウォレットはビットコインを使うには欠かせないものですが、ウォレットの中にあるビットコイン自体はスマホや PC にダウンロードされません。クラウド上に保管されているので、スマホを紛失したり壊したりしてもビットコインはなくならない仕組みです。別のスマホや PC から復元すればデータを確認

することができるので、むしろ安全といえるかもしれません。

また、持ち運ぶとはいえ、中身はあくまでもデータなので高額の場合でもかさばることがありません。少額から高額まで「ウォレット」でそのまま支払うことができるのも魅力の一つといえるでしょう。

参加者みんなで管理する仕組み

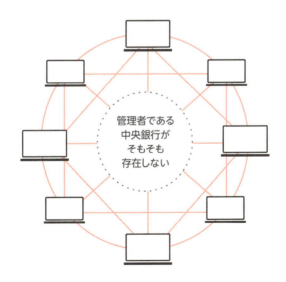

お互いに承認し合って取引の安全性を保っている

12 ビットコインで何ができる？

　ビットコインでは実際に何ができるのでしょうか。どのような場面でどのように使えるのか、詳しく紐解いていきましょう。

買い物をする

　ビットコインが使える店舗はまだそれほど多くありませんが、徐々に裾野が広がってきています。2017年には大手家電量販店ビックカメラがビットコイン決済を導入したことが話題を集め、その後も大手の参入が相次いでいます。実店舗で支払いをする際には、店側が発行するビットコインアドレスのQRコードを読み取ることで代金の送金が完了します。スマホがあれば現金、カードなどを持たずに手軽に買い物を楽しむことができて便利です。私も実際に都内の寿司屋でビットコイン決済をしたことがありますが、時間も手間もかからず支払いが完了し、現金を持ち歩かない時代もそう遠くないのではないかと感じました。

　なお、ビットコインの取引量の増加からブロックチェーンへの書き込みに時間がかかるようになり、手数料も割高になってきているため、ビットコイン以外の仮想通貨での決済システムも徐々に普及してきています。

海外に送金する

　銀行を通じて海外に送金をする際には海外送金手数料が必要になります。一方、ビットコインは金融機関を介さず直接送金するため手数料が比較的安くすみます。しかも24時間365日稼働しているので休日でも送金可能なうえ、時間も従来に比べて短くすむところがメリットといえるでしょう。送金するときには送る相手のビットコインアドレスを入手し、そのアドレス宛に送金すれば直接届きます。数分から数時間ほどで送金は承認され、完了となります。相手は受け取ったビットコインを売って現地の通貨に換金するだけです。銀行に足を運ぶこともなく、非常に手軽でスムーズです。このような利点から、海外に留学している人への送金や災害地への寄付などの際に役立つと期待されています。

　ビットコイン以外にも、仮想通貨を使った寄付の事例は増えています。例えば2014年のソチオリンピックにおいてジャマイカのボブスレーチームが出場するための寄付金に仮想通貨が使われました。また、ケニアに井戸を建設するプロジェクトに用いられた例もあります。

　ただし、寄付の新たな手段として普及しつつあるものの、ビッ

トコインは昨今トランザクションの量が非常に多くなっているため、送金時間は以前よりもかかるようになってきました。そのため送金時間がより短く、手数料も安いビットコイン以外の仮想通貨を使うケースも多いようですが、銀行の海外送金と比べてビットコインのメリットが多いことは明らかです。

売買して利益を得る

　現状ではビットコインを所有している人の多くが投資目的といっていいでしょう。ビットコインの相場は乱高下が激しいため、急上昇した際の値上がり益が大いに期待されています。
　売却をするときは、取引所や販売所で現金化します。このときに注意すべき点は「売値」と「買値」の差です。この差はスプレッドといい、手数料と考えることもできます。販売所では特にスプレッドが広い傾向があります。業者によって違いますので、比較検討することをおすすめします。

CHAPTER.1 ビットコインの基礎知識

ビットコインでできること まとめ

買い物をする	海外に送金する	売買して利益を得る
・手軽に決済できる ・使える店舗が増えている	・時間や手数料が節約できる ・海外への寄付に役立てられる	・乱高下する相場では利益を狙いやすい

用途に合わせていろいろな活用ができる！

13 ビットコインはどうやって作られるの？

　発行主体をもたず、実体もないビットコインは、果たしてどうやって作られるのでしょうか。そもそも、ビットコインを「作る」というのはどういうことなのでしょうか。

ビットコインを新規発行する「マイナー」

　ビットコインはマイナー（採掘者）と呼ばれる人たちによって新規発行されています。

　マイナーとは、マイニングという行為を通じ、ビットコインのネットワークにおいてブロックチェーンの維持に貢献している人たちのこと。資格や条件などはなく、設備さえあれば誰でもマイニングに参加することが可能です。このマイニングこそが、ビットコインを新規に発行する（正確にいえば、新規発行されたビットコインを受け取る）ことなのです。

　ビットコインの取引は、ブロックチェーンによって現在に至るまでそのすべてが記録され、公開されています。マイナーは、その取引が正しいかどうか検証して承認する作業を行い、その報酬としてビットコインがもらえるのです。マイナーに支払われる報酬こそが新規発行されたビットコインであり、その承認

CHAPTER.1 ビットコインの基礎知識

作業をマイニング（採掘）といいます。

　マイナーへの支払いを通して新規発行されるビットコインは、約4年ごとに半減します。運用が始まった当初は1ブロックあたり50BTCでしたが、現在は1ブロックあたり12.5BTCとなっています。前述のとおり2140年頃には発行上限に達するため、その後、新規発行はなくなります。それ以降は、マイナーは取引を承認することで手数料を得るシステムとなることを予定しています。ただし、報酬であるビットコインの価値が上がっていること、パソコンなどの機器の性能も3～4年ごとに向上していることを考えると、報酬の半減によって効率が下がることはないといえるでしょう。

14 マイニングとは？

マイニング（採掘）とは、具体的に何を行うのでしょうか？技術的な話で少々難しいので、概略のみお話しします。

誰がどこでマイニングしているのか？

マイニングとはビットコインの決済システムを正常に動かすための作業であり、取引が正しいかどうか検証し承認する作業を指します。

ビットコインの取引（トランザクション）は24時間365日、公開で行われています。取引は行われた時点ではすべて未承認のままです。それを約10分ごとに「ブロック」にまとめて承認し、それまでに承認されているブロックをつなぐチェーン（鎖）の最後尾に記帳していくのです。

正しい取引を記録するためには、ある暗号を解かなければなりません。マイナーたちはこの暗号を解くために膨大な計算を行います。しかし、報酬を受け取れるのは最初に計算を終えたマイナーのみ。そのため多くのマイナーたちが競い合って同時に計算を行うことになり、このことがほかの人が作成したブロックの検証をすることになります。お互いに記録の正しさを検証

し合うことで不正が行われることを防ぎ、安全性を維持しているのです。膨大な計算を解いた人に報酬が支払われるこの仕組みは「プルーフ・オブ・ワーク（作業の証明）」と呼ばれています。そうして新たに作られたブロックが世界中のネットワークに共有されています。

　最も早く暗号を解いたコンピュータにしか報酬が支払われないルールなので、マイニングで報酬を得るにはスピードが第一です。そのためマイナーたちはより性能の高いマシンを導入し、稼働させるために膨大な電力を使います。現在、マイナーのほとんどが電気代の安い国に存在しているのは、そうした理由からです。ビットコイン運用開始直後は個人単位で行われていましたが、競争に勝つのに必要な資金が徐々に増加してきたために団体が参入し始め、その規模はさらに大きくなり、今では企業も手がけるほど組織化してきました。

採掘ビジネスに参入した企業

大手企業が続々参入し、ますます加熱する「仮想通貨」市場。
ブロックチェーン技術への期待は、メガバンクにも広がっている。

15 ビットコインを手に入れるには？

外貨のように購入できるビットコイン

　運用が始まった当初は、ビットコインを手に入れる最も一般的な方法はマイニングでしたが、前述の通りマイナーはだんだん大きな組織となり、現在は企業にまで発展してきました。そうなると個人でマイニングをしてビットコインを手に入れるのは難しくなります。

　最近では、ビットコインの入手方法として最も手軽なのが取引所での購入です。仮想通貨は円や米ドル、ユーロなどと同じく法定通貨で購入することができます。現在、日本国内にも多くの取引所が存在しています。CHAPTER.2で詳しく述べますが、取引所によって手数料やレバレッジなどが異なるので、それぞれ比較して検討することをおすすめします。

　取引を行うには、国内にいくつかある取引所で口座開設をします。銀行や証券会社の口座開設をイメージしていただければわかりやすいのではないでしょうか。個人情報の入力や必要書類のアップロードなど、手続きはすべてオンラインで完了します。

　取引所は、ビットコインを売りたい人と買いたい人を仲介す

CHAPTER.1 ビットコインの基礎知識

る場所です。株式やFXと同じように「いくらで買いたい」「いくらで売りたい」などの注文が表示される「板」があり、お互いの注文が合致すれば取引が成立します。また、取引所が主体となって個人に仮想通貨を販売する販売所もあります。販売所では運営会社が価格を提示して販売しているので割高ではありますが、必要な量を手軽に購入することができます。

また、もう一つの入手方法としては、「受け取る」方法があります。ビットコインは個人間のやりとりができるのが特徴の一つです。友人同士のやりとりや割り勘にも手軽に利用できるので、少額取引にも活用されることが期待されています。

ビットコインの入手方法
①自分で掘り当てる（マイニング）
②外貨のように自分で購入する
③第三者からビットコインを送ってもらう

16 ブロックチェーンとは？

　ビットコインをはじめとする仮想通貨の流通と安全性を支えているのがブロックチェーンです。その運用開始以来、インターネットに次いで世界を大きく変える新しい仕組みを生み出す「革命」になり得るとして、世界中で注目を集めています。その技術を世間に広めたのがビットコインであるといえます。それではブロックチェーンの仕組みを見ていきましょう。

不正を防ぐ「分散型台帳」技術

　ブロックチェーンは「分散型台帳」技術です。国など特定の管理者を介さずにやりとりを成立させるために生まれました。管理者がいないとなると、やりとりを証明するものが何もないように思われるかもしれませんが、ブロックチェーンの場合、それを証明するのは世界中のシステム参加者です。この仕組みにより、不正や改ざんは極めてされにくくなります。

　ビットコインの場合であれば、取引は「トランザクション」と呼ばれ、約10分ごとに記録されます。取引は「AさんからBさんへ0.1BTC移動する」というように記録され、それをビットコインシステム参加者が管理する仕組みです。ビットコイン

の取引は相互に承認し合って成立するものであり、未承認のトランザクションを約10分ごとにまとめたものが「ブロック」です。そのブロックを、それまでに承認されているブロックをつないだチェーン（鎖）の最後尾に埋め込むことで成立します。システム参加者が作成したブロックは、ほかの参加者が必ず検証するシステムになっているため、誰かが不正をしてもほかの参加者によってそれが偽物であるとわかってしまうのです。また、ビットコインの取引はリアルタイムで公開されているので、いつでも誰でもインターネット上で見ることができます。このようにみんなで管理するシステムが不正を防いでいるのです。

安全性を保つブロックチェーンの仕組み

　では、個々のブロックには何が記録されているのでしょうか？　ビットコインの取引は、暗号学的ハッシュ関数によって計算されたハッシュ値に置き換えられます。容量の大きいデータも置き換えることができる技術です。ビットコインの取引は、ハッシュ値でつながれたブロックに格納されていきます。また、そのなかには一つ前のブロックのデータの一部も埋め込まれています。
　過去から最新に至るまでの取引記録がすべてチェーンでつな

がっているため、取引のデータを書き換えることは非常に難しく、改ざんができない仕組みを実現しています。厳密に言えば、すべてのマイナーが収益目的ではなく悪意をもって行えば改ざんも不可能ではありません。しかし、過去から現在までのすべての取引記録が一つに繋がって記録されているということは、改ざんを行うにはすべてのブロックを過去まで遡ってデータを書き換え、最新のブロックまでの承認作業を行うことになります。ブロック一つの承認作業を行う際の膨大な計算量を思えば、データを書き換えるには途方もない電力とマシンパワーが必要となるため、まず無理と言っていいでしょう。

　さらには、万が一改ざんされて別のブロックが生成された場合には「一番長いチェーンが正しい」というルールがあり、過去に遡って改ざんしても、現在までの承認作業を行う間に正しいチェーンは長くなっていくため、改ざんされたチェーンは時間とともに破棄されることとなります。このように管理者が不在でも不正や改ざんが極めて発生しにくい仕組みがブロックチェーンの最大の特徴です。

　こうして作成されたブロックはP2P（ピア・ツー・ピア）ネットワークを通じて保存され、世界中の参加者に公開されます。分散して管理・運営されるため、安全性が保たれているのです。

CHAPTER.1 ビットコインの基礎知識

ブロックチェーンの仕組み

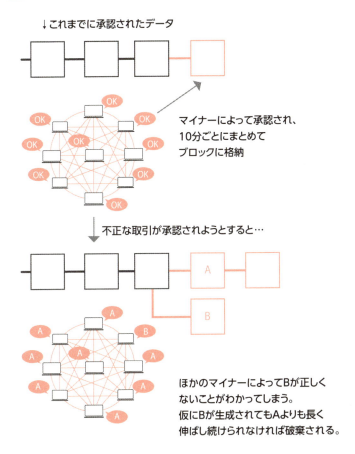

ブロックチェーンのこれから

　ブロックチェーンの技術は、あらゆる方面でその可能性が注目されています。ブロックチェーンのメリットは、過去から最新に至るまで記録を正確に残すことができること。近い将来、私たちの生活において、その機能を活かした新たなシステムが登場するかもしれません。どんなことが考えられるか、その可能性を見てみましょう。

・銀行を通すことなく取引記録を残す

　私たちが普段行う銀行振込などでは、銀行が取引を記録して管理することで取引の正当性が証明されています。一方、ブロックチェーンを活用すれば管理者が不在でも取引の記録を残し、その正当性を証明することができます。つまり、銀行のコストが減り、さらには24時間365日、取引が可能になるのです。個々のお金のやりとりは、より自由に行えるようになると考えられるでしょう。

・行政の効率化・低コストを実現する

　ブロックチェーンの仕組みは記録を残すことにおいてその機能を発揮します。私たちに身近なものとしては、例えば出生届

CHAPTER.1 ビットコインの基礎知識

や婚姻届、転居の際の手続き、さらには不動産や会社の登記などにも活用することができると考えられています。

　また海外でもブロックチェーンの開発は進められています。なかでもヨーロッパでは積極的に取り組みを進めている国が多く、スカイプの発祥の地でありIT先進国といわれるエストニアでは国家のあらゆる登記や国民の医療データの記録管理にブロックチェーンを活用するプロジェクトが進んでいます。情報の透明化が求められる現代社会において、行政とブロックチェーンは親和性が高いといわれています。

・契約を自動化する

　ビットコインに次いで時価総額の大きいイーサリアムを例にとると、ブロックチェーンの技術を利用して契約を自動執行する「スマートコントラクト」という機能があります。管理者が契約を事前に定義して入力しておけば、契約が発生したときにプログラムによって自動的に契約の執行と価値移転が行われるため、あらゆる場面への応用が期待されています。契約の改ざんを防ぐとともに、間に人を介さず直接取引するため確実に契約を執行することができるのです。イーサリアムについては、後程詳しく見ていきましょう。

17 ICOとは？

ICOは仮想通貨を使った新たな資金調達法

　仮想通貨を使った資金調達の新たな形として、ICOという言葉をよく耳にします。ICOとは「Initial Coin Offering」の略で、「トークンセール」と呼ばれることもあります。企業が資金調達の際にオンライン上で資金を募るクラウドファンディングや、新規株式公開のIPO（Initial Public Offering）の仮想通貨版と考えれば理解しやすいでしょう。

　ICOでは、企業は独自の仮想通貨（トークン）を発行し、不特定多数の人に販売することで資金を集めます。企業側だけでなく投資家にとっても利益が期待できますが、詐欺案件も多く、注意が必要でもあります。そのメリット、デメリットをあらかじめ知っておくことが大切です。

・ICOのメリット

　資金調達をする側としては、まず短期間で手広く資金調達ができることがメリットとして挙げられます。例えば株式市場での新規株式公開は証券会社が幹事となり審査や監査を行うので、巨額の手数料が必要になります。ICOで資金調達を行えば仲介

を受けることなく投資家から直接資金の調達ができ、手数料などもかかりません。さらには基本的に調達した資金を返済する必要がなく、仮想通貨の時価が投資家のキャピタルゲインとなります。つまり、投資した側としては、事業が成功すると多額の利益を期待できるのです。個人単位で少額から投資できるのも魅力といえるでしょう。

ICOで資金調達する方法

企業が発行するトークン

企業が発行するトークンを
ビットコイン等で購入

企業　　　　　　　　　　　仮想通貨を保有する個人投資家

・ICO のデメリット

　良い点が多く画期的なシステムではありますが、整備が不十分なためデメリットもあります。投資家にとってのデメリットとして最たるものが、事業の審査がないため、投資した事業が失敗したり中断したりする可能性や詐欺に利用される可能性があるということです。むしろ、詐欺案件の方が多いといっても良いでしょう。ICO を通じて何らかの新規サービスの開発に投資をする場合、その開発が本当に実行されているのか、さらには実現可能な開発なのか、そもそもその企業が実在するのか極めて不透明であるからです。そのため、投資する事業のホワイトペーパーをよく読むことが大切です。ホワイトペーパーとは、企業やその事業の概要や発行されるトークンの用途が詳細に記された資料のことで、ほとんどの場合英語で書かれています。

　ICO は、投資した事業が成功しなければ利益が出ないうえ、成功したとしても価値が付かない場合もあるので注意が必要です。

・最近の動向

　このような懸念から、2017 年には世界中で ICO を規制する動きが相次ぎました。7 月にはアメリカで証券取引法に基づき処罰の対象とすることが発表され、8 月にはシンガポールで売買に関する規制を発表。9 月に中国、10 月には韓国で全面禁止が

発表されました。日本国内では金融庁において規制が検討され、10月に注意喚起が発表されました。具体的には、事業者が実施するICOの仕組みによっては資金決済法や金融商品取引法の規制対象となり、内閣総理大臣(各財務局)への登録が必要になるという内容です。これは、ICOにおいて発行されるトークンが資金決済法に定められる仮想通貨および前払式支払手段にあたることや、ICOが金融商品取引法に定められるファンドにあたる可能性があることが理由として考えられます。今後も国内外で規制が進んでいくことが考えられます。

ICOのメリット・デメリットまとめ

メリット	デメリット
●資金調達のコスト削減 ●グローバルな資金調達が可能 ●株式よりも手軽な投資が可能	●法整備が不十分なため詐欺などに使用されるケースがほとんどである

18 アルトコインとは？

知っておきたい代表的なアルトコイン

　本書で取り上げているビットコインは現在、仮想通貨の代表格として知られていますが、それ以外にも全世界で1000種類を超える仮想通貨があるといわれています。ビットコイン以外の仮想通貨はビットコインの代替という意味の「alternative coin」から「アルトコイン」と呼ばれます。いずれもブロックチェーン技術を基にしたものですが、その特徴はそれぞれ異なります。

　ビットコインよりも市場規模が小さく価格が乱高下する傾向にありますが、その分、ビットコインよりも成長性が高いという見方もあります。

　アルトコインのなかでも主なものを次に見てみましょう。

スマートコントラクトによって契約を自動化する
イーサリアム（Ethereum）

　ビットコインに次いで時価総額が大きく、2018年4月時点で約4兆2,000億円。2013年に設計が始まり、2014年7月に販売が開始されました。通貨単位は「ETH」です。独自のブロックチェーンを利用した柔軟なアプリケーション作成プラット

フォームの実装を目指すプロジェクトによって開発されました。共同創業者であるVitalik Buterinは19歳の若さでイーサリアムの構想を生み出し、2017年には「世界で最も影響力のある50人」に選ばれたことでも注目を集めました。ビットコインと違って発行上限はなく、初期の発行枚数は7200万ETHですが、現在も発行され、増え続けています。

イーサリアムの最大の特徴はスマートコントラクトにあります。スマートコントラクトは、ブロックチェーン上で取引と同時にプログラミングの実行(契約など)を行うことができる仕組みです。すなわち、ユーザーが独自に契約のシステムを設計すれば、それに基づいて自動契約を行うことができるということです。この仕組みにより、あらゆる契約の実行において改ざんの心配がなくなり、またそれらすべてをブロックチェーン上に残すことができるとして、私たちの実生活への応用が期待されています。

例えば「AさんがBさんに不動産を売る」といった場合に、その機能を発揮します。Aさんは不動産移転登記の書類を準備し、法務局に提出します。そしてBさんが代金を支払うことで売買が成立し、不動産が移転します。イーサリアムでは、こうした取引をデジタル化してブロックチェーン上で契約を管理できます。そのためイーサリアムは資産管理のプラットフォームとし

て今後活用の幅が広がると見られ、注目されています。

　ただ、柔軟なプラットフォームであるが故の脆弱性もあり、過去にはイーサリアムを利用したアプリケーションの脆弱性を突いて不正送金が行われた「The DAO 事件」が起こりました。その際に開発チームは事件前までブロックチェーンを遡らせて別のブロックを生成し、そもそも不正送金が行われなかったことにする方法で解決しました。

　しかしこの対応は非中央政権の理念に反するとして波紋を呼び、元のブロックチェーンは「イーサリアムクラシック (ETC)」として、新たなブロックチェーンは「イーサリアム (ETH)」として稼働することになりました。

ビットコインの欠点を補う優れもの
ライトコイン（Litecoin）

　ライトコインはビットコインの欠点を補うコインとして 2011 年 10 月、元 Google エンジニアの Charlie Lee 氏により開発されました。表立った開発者がいる点では他の多くのコインと大きく異なります。通貨単位は「LTC」。アルトコインの先駆けともいえる存在で、時価総額は 2018 年 4 月時点で 6,900 億円と 5 番目の高さを誇ります。発行上限をビットコインの 4 倍の 8,400 万 LTC としている点も特徴の一つです。

数多く存在するアルトコインのなかでも最もビットコインに近い性質でありながら、ビットコインにおいて懸念されている点が改良されています。発行上限が多いだけでなく、例えばトランザクションの承認時間については約2.5分とビットコインの4分の1です。承認時間が短いことから承認回数が多くなるため、手数料もより安く抑えることができるということになります。このような点から、今後、決済通貨として普及することが期待されています。また、ライトコインの開発においては、マイニングの集中を防ぐ仕組みの構築を目標としていました。仮想通貨のマイニングはASIC（Application Specific Integrated Circuit＝特定用途のための集積回路）という専用の集積回路を使って採掘すれば効率的に計算を解くことできますが、そうすると当然、資本の大きなマイナーが勝つ頻度が高くなり、マイニングの集中を招きます。ライトコインはマイニングにかかるコストが比較的少ないため、大手に寡占されているビットコインとは異なり、一般的なCPUでマイニングできるといわれています。

　初期のアルトコインであるため知名度が高く、日本国内の取引所でも取り扱われています。

ビットコインのスケーラビリティ問題から誕生した
ビットコインキャッシュ（Bitcoincash）

　ビットコインキャッシュは、2017年8月1日にビットコインからハードフォークして誕生しました。ビットコインの取引量が増えてきたことから取引のスピード低下が問題になり、それを解決するためにビットコインの開発チームから独立したチームによって開発されたものです。通貨単位は「BCH」。ビットコインのブロックチェーンからハードフォークしたため、発行上限はビットコインと同じで2,100万BCHです。当初から取引は盛んで、時価総額は2018年4月時点で約1兆1,600億円です。

　ビットコインの取引量が増えたことから取引の承認スピードの低下が懸念されるなか、解決策として二つの方法が議論されました。一つはデータを分離して一部をブロックの外に格納することで1つのブロックに格納できるデータを増やす方法、もう一つはブロックサイズを引き上げる方法です。前者はSegwitと呼ばれ、2017年8月24日にビットコインに実装されました。ビットコインキャッシュは、後者を採用するために開発されたものですが、Segwitを支持するビットコインの開発チームとは相容れず、ビットコインキャッシュの開発チームが独立する形になりました。

　このような理念を背景にビットコインからハードフォークし

て生まれたため、ビットコインのレプリカのように見えますが、ビットコインとはまったくの"別物"です。今後、決済の利便性や安全面でビットコインを超える存在となっていくことも期待されています。

あらゆる通貨と交換できる「ブリッジ通貨」
リップル（Ripple）

　ビットコイン、イーサリアムに次ぎ、2018年4月時点で約2兆円の時価総額を誇っています。2013年12月にカナダのウェブプログラマー Ryan Fugger 氏により開発されました。ビットコインと違って管理者不在ではなく、リップル社が運営・管理するネットワークで構築されています。通貨単位は「XRP」。発行上限は1000億 XRP です。

　リップルは、リップルネットワークを用いて企業間取引や国際間取引をスムーズに行える仕組みの実現を目指しています。取引の承認時間は最短で約4秒と、ビットコインと比べて格段に速いのが特徴といえるでしょう。

　また、円や米ドル、ユーロ、ビットコインなどすべての通貨との交換を可能にすることを目的とし、通貨の架け橋という意味で「ブリッジ通貨」とも呼ばれています。送金スピードが速いだけでなく手数料も比較的安価に抑えられています。例えば

海外送金の際などには、決済に特化したビットコインに比べればリップルの方がより優位性があるといって良いでしょう。さらに、取引承認時間が短く、さまざまな通貨との交換が可能なことから、将来的には世界中の銀行で採用される可能性があるといわれています。

2017年には高騰して話題を集めましたが、一方で特定の管理者がいることから価格操作を懸念する声もあります。また、ビットコインキャッシュの米コインベース上場の際には、リップル社によるインサイダー取引疑惑も浮上しました。

ハーベスティングで富の集中化を防ぐ
ネム（NEM）

2018年1月に多額の流出事件があったため、ご存知の方も多いでしょう。NEMはブロックチェーン技術の活用を目指して2015年3月に開発されたプロジェクトであり、開発された仮想通貨の通貨単位は「XEM（ゼム）」です。「New Economy Movement（新しい経済活動）」の略称を由来としています。また、NEMブロックチェーンの開発や管理を行うNEM財団は、NEMの技術の普及を目指して世界各地で活動しています。NEM財団には日本人も所属していることから日本でも注目され、時価総額は2018年4月時点で2,200億円。総発行量は8,999,999,999XEMで、す

べての発行がすでに完了しています。

　新たなXEMが発行されることがないためマイニングは行われず、ブロックを作成する作業は「ハーベスティング（収穫）」と呼ばれます。取引の確認時間は約1分と短く、ビットコインの約10分の1です。

　NEMの最も特徴的な点はブロック作成時の報酬にあります。ビットコインなどにおいてはハッシュパワーと呼ばれる作業量に応じて報酬の期待値が決まるため、高度な暗号を解く計算力とそれに伴う大量の電力が必要となり、当然資本のあるマイナーに報酬が偏ります。NEMでは「プルーフ・オブ・インポータンス(PoI)」という貢献度が重視されています。貢献度はXEMの保有量、取引量、取引相手によって決まります。また、ハーベスティングは一般的なPCを用いて参加することができます。こうして新規参入者への障壁を取り払い、自由かつ平等な経済圏の創出を目指しています。

優れた技術でファンを増やす国産通貨
モナコイン（Monacoin）

　モナコインは、2014年1月に誕生した初の国産仮想通貨です。ライトコインをベースにMr.Watanabe（ワタナベさん）という人物によって開発されました。そのルーツは掲示板「2ちゃん

ねる」。アスキーアートで描かれたキャラクター「モナー」から名づけられました。通貨単位は「MONA」。総発行量は1億512万MONAで、ビットコインの約5倍です。時価総額は2018年4月時点で約200億円と他の主要な仮想通貨と比べると高くありませんが、注目すべき通貨であることは間違いありません。

　日本産のクオリティはどの分野でも称賛されていますが、モナコインも世界での知名度こそまだ低いものの、その技術は群を抜いています。約90秒という取引時間の速さに加え、ビットコインより安価な手数料も魅力の一つといえるでしょう。先述のSegwitを世界で初めて実装したほか、取引所などの第三者を介さずほかのコインとの交換を直接行うアトミックスワップもビットコインとの間で実現しました。異なる種類の仮想通貨であっても個人間でやりとりできるようになることで、より速く安全に送金できると期待されています。

　また、国内では決済に使える場所が多く、すでにさまざまなサービスにおいて決済システムが導入されています。例えばデジタルコンテンツのマーケットサイト「Monappy」では、モナコインでイラストや漫画などを購入することができます。掲示板サイトの「Ask Mona」では、掲示板に掲載された質問への回答や投稿などに対して、「いいね！」の代わりにモナコインを投げ銭できます。コミュニティでのやりとりが非常に活発で、ゲー

ム内で流通するコインに近いイメージです。ファンが多いのもうなずけます。

モナコインは長い間、50〜90円で推移していましたが、国内の取引所への参入から2017年10月に477円まで急騰し、今後の展開が注目されています。

・番外編　マニアの間で大人気！　PEPECASHって何？

ペペキャッシュという名前を聞いたことはあるでしょうか。海外版「2ちゃんねる」とも呼ばれる匿名掲示板「4ch」から生まれた仮想通貨です。その独特な存在感が人気を呼び、日本では2017年、金融庁が「登録業者が取り扱う通貨」として発表する「ホワイトリスト入り」通貨となりました。さらに注目を集め、なんと1年間で140倍もの高騰を記録しています。多くの仮想通貨と違って決済には使われず、もっぱら「Rare pepe（レアペペ）」と呼ばれるオンライン上のカードを購入するために使われます。「Rare pepe」は4chから生まれたカエルをモチーフとしたキャラクターのカードで、マニアの間では絶大な人気を獲得しています。コレクター心をくすぐる"キモカワイイ"ビジュアルとゲーム性が魅力的！　アルバムに保存してコミュニティで自慢するのもいいかもしれません。投資とはまた違う楽しみ方ができます。

19 草コイン・詐欺コイン

　これまで主なアルトコインを見てきましたが、今では1000種類以上あるともいわれる仮想通貨のほんの一部でしかありません。ところで「草コイン」「詐欺コイン」という言葉を耳にしたことはありませんか？　何やら怪しげな名称の仮想通貨について、ここで紹介します。

成長過程のマイナー通貨、草コイン

　妙な名称の「草コイン」とは、海外では訳すのもはばかられる「shitcoin」という名で呼ばれる、いわゆるマイナーな仮想通貨のことを指します。

　当然まだ広く認知はされていませんが、割安なうちに購入して急騰した際に売れば大きな利益を得る可能性があります。そのため、リスクを取りたい投資家が好んで投資する傾向にあります。価値が上がる保証はありませんが、投資する際にはまず情報収集を充分に行うことが大切です。

　草コインは日本の取引所では取り扱いがないので、海外の取引所に口座開設する必要があります。また海外取引所は日本円での入金ができないので、まずは日本の取引所に口座開設して

仮想通貨を購入します。そして購入した仮想通貨を海外の取引所に送金してビットコインに交換することで、草コインを購入できます。ただ、仮想通貨交換業に携わる身としては、海外取引所での取引はおすすめできません。

怪しいすすめに注意！　詐欺コイン

　もう一つ、最近増えているのが「詐欺コイン」です。詐欺コインとは存在しない仮想通貨を紹介して投資をすすめるものですが、これは最近よく聞く事例です。仮想通貨の値上がりが注目されている昨今、みなさんも「儲かる」とすすめられることがあるかもしれません。ここでは詐欺コインの見極め方を挙げます。

　第一に、管理者が存在する仮想通貨は怪しいといって良いでしょう。多くの仮想通貨は管理者不在であることが一番の特徴です。一方で、詐欺コインの多くは管理者＝運営会社が存在しています。だからといって一概に怪しいとはいえませんが、管理者がいるということは管理者によって発行量のコントロールや価格の調整が可能であるということです。

　そして第二に、「必ず値上がりする」と謳う運営会社にも注意が必要です。詐欺コインは基本的に運営会社が儲かるように仕

組まれています。執拗にすすめられて投資をしたとたんに値下がりしたり、運営会社自体が倒産したりしてしまう場合もあります。

ビットコインが広まったのはなぜ？

　仮想通貨は現在、世界中に1000種類以上あるといわれていますが、そのなかでビットコインが注目され、広まっていったのはなぜなのでしょうか。ビットコインが市場においてシェアを拡大していったプロセスとその理由に迫ってみましょう。

　ビットコインの運用開始当初、その存在を知る人は少なくなかったものの、通貨としての認知度はなかなか高まりませんでした。現在のように通貨として認知されるようになった背景には、中国人投資家の存在があります。

　ビットコインのリリースからしばらくして、中国では富裕層を中心にビットコインを大量購入する人が急速に増えました。その目的は、外貨購入です。中国では国家為替管理局の規定により中国国民の外貨購入限度額は一人あたり年間5万ドルと決められています。ところが経済的な背景から人民元の価値が下落することを恐れた投資家は、5万ドル以上の資産を外貨に両替する方法を模索し、その結果、資産の一時的な逃避先として

ビットコインを利用したのです。人民元をビットコインに交換し、そこからさらに外貨に両替することで海外へと資産を持ち出しました。政府としてはこれではたまりません。2017年、中国当局は他国への資本流出を懸念して、大手取引所への規制を強化しました。

　また、中国は電気代や土地代、税金などが安価なためマイニングの中心地でもありましたが、税制上の優遇が廃止されて電力消費量に制限が課せられたため、マイニング事業は衰退してきています。

　普及が停滞する中国と入れ替わるように日本では2017年から仮想通貨が急速に注目されるようになりました。日本国内のビットコイン取引所がテレビCMを開始したり、大手家電量販店のビックカメラなどがビットコインでの決済を導入したりしたことがそのきっかけとなったのです。また、個人で短期トレードを行う投資家が多い市場傾向もビットコインの値上がりを促進し、注目されるきっかけとなりました。

　しかし、日々あらたな仮想通貨が生まれるなか、ビットコインをしのぐ勢いで成長する仮想通貨が誕生する可能性も否めません。あるいはブロックチェーンのシステムを活用する仮想通貨がそれぞれ、その特徴に応じて強みを伸ばしていくことで棲み分けが進んでいくかもしれません。そうしたときに、ビットコ

インは法定通貨における米ドルのように、世界全体をつなぐ基軸通貨となることも考えられます。他に先駆けて広まったビットコインの認知度はやはり強く、今後もさらに需要が高まっていくのではないでしょうか。

Column 2 通貨初めて物語 1

通貨はなぜ生まれたのか

　約束手形の原型は、すでに5000年以上前の古代メソポタミアにあったともいわれていますが、極めて限定された地域で特別な場合にのみ用いられ、いわゆる「経済の血液」としての通貨とは異なったものでした。商取引において金銀を用いた「貨幣」が登場したのがおよそ2700年前。古代ギリシャで使用されたのが始まりといわれています。異民族を含めた支配地域の拡大とともに、商取引において共通したルールを設けなければならなかったためです。また、統治者にとっては「誰がその土地の経済を支配しているか」をはっきりと誇示する必要がありました。そのため、硬貨（コイン）には常に「権力者の姿」が刻印されました。今でも多くの通貨に権力者や偉人の肖像が用いられているのは、その名残です。

　当時は多くの場合、金銀の実質的な含有量で商取引が行われていたため、誰の顔が刻印されていてもそれほど関係はありませんでした。しかし、次第に権力（国家）は金銀そのものの「流通量」を貨幣で調整するようになっていきます。基準（含有量や重さ）を統一してより使いやすくなっていきました。すると貨幣経済は一気に拡大しはじめ、言語や商習慣の異なる地域でも取引できる「貨幣」は交易には欠かせないものとなり、「国家が流通量を管理している」という信頼が「通貨」の価値を定着させていったのです。

CHAPTER. 2

今日からはじめる
ビットコイン取引

口座開設から基本的な取引方法、
チャートの見方まで、
ビットコイン取引のはじめ方を
初心者の方にもわかりやすく解説します。

20 取引所の種類と選び方を見てみよう

金融庁認可の取引所を選ぶ

　日本国内でビットコインを扱っている取引所は多くありますが、そのなかからどこを選べばいいのか、投資初心者にとっては悩みどころではないかと思います。そこで、取引所を選ぶ際のポイントと主な取引所の特徴について解説していきます。

　一番のポイントとなるのは、安全性。取引を行うにあたって、運営会社が信頼できるかどうかは、初心者にもベテランにも同じく重要です。最近では不正アクセスによる資産の流出や仮想通貨に関連する詐欺も増えているため、口座を開設する前に必ず取引所のセキュリティ体制を充分に確認してください。

　2017年4月に施行された「改正資金決済法」により、仮想通貨交換業者として取引所を運営できるのは金融庁の登録を受けた業者のみとなりました。同年9月29日、金融庁は仮想通貨交換業者として11社を登録し、その後も多くの業者が登録申請を行っています。今後はさらに法整備を進めていくと思われます。

　2つ目のポイントは、手数料。入金は無料で行えますが、出金の際に必要な手数料は取引所によって異なるので、確認したうえで取引を始めることをおすすめします。また、取引の際に

CHAPTER.2　今日からはじめるビットコイン取引

は手数料が発生しますが、手数料率も取引所によってさまざまです。日本円とビットコインの取引であれば無料で行える取引所や、手数料引き下げのキャンペーンを行っている取引所もあるので、目的に応じて取引所を選んでみてはいかがでしょうか。手数料については、各社のホームページに詳細な説明が掲載されているので、チェックしておきましょう。なかには米ドルやユーロなどの外貨とビットコインの取引ができる取引所もありますが、その場合には為替手数料が上乗せされることを覚えておいてください。

　3つ目は、取り扱う仮想通貨の種類です。ビットコインはいずれの取引所でも取り扱いがありますが、イーサリアムやリップルをはじめとするアルトコインについては取引所によって種類や数に違いがあります。どんな仮想通貨に興味があるか、今後どのような投資をしていきたいかによって選ぶ取引所も違ってくるでしょう。それぞれの特徴を調べたうえで選んでみてください。なお、取り扱い通貨については、金融庁が「登録業者が取り扱う仮想通貨」としていわゆる「ホワイトリスト」の通貨を公表しています。

　また、取引する際の画面の見やすさや操作のしやすさなども含めて、自分の好みに合ったものを選んでみてはいかがでしょうか。

21 各取引所の特徴を知っておこう

扱う通貨の数か、安全性か

日本国内の主な取引所を具体的に見てみましょう。

ここでは、取り扱う仮想通貨の種類、ビットコインの取引手数料、主な特徴を紹介します。それ以外にも取引所は数多くあり、それぞれにメリット・デメリットがあるので、気になる取引所があればホームページなどでチェックしてみてください。取引を行う際は、必ず最新の情報を確認することをおすすめします。

bitFlyer (ビットフライヤー)	
ホームページ	https://bitflyer.jp/ja/
取り扱う仮想通貨	BTC、ETH、ETC、LTC、BCH、MONA、LSK
取引可能な法定通貨	JPY
特徴	2014年1月に設立した国内最大手の取引所。3大メガバンク、保険会社の子会社などが株主。取引高も世界トップクラス。

CHAPTER.2　今日からはじめるビットコイン取引

QUOINEX（コインエクスチェンジ）	
ホームページ	https://ja.quoinex.com/
取り扱う仮想通貨	BTC、ETH、BCH、XRP、QASH
取引可能な法定通貨	JPY、USD、EUR、AUD、SGD、HKD、CNY、IDR、PHP、INR　※JPYのみ入出金可能。
特徴	QUOINEX社が独自に発行したトークンQASHを取引でき、通貨ペアは全部で52種類。

bitbank（ビットバンク）	
ホームページ	https://bitbank.cc/
取り扱う仮想通貨	BTC、ETH、XRP、LTC、MONA、BCH
取引可能な法定通貨	JPY
特徴	スマホ、パソコンとも取引画面はシンプルで操作がしやすく、機能性に優れている。マルチシグを採用し、ハッキング対策がしっかりしている。

GMO コイン	
ホームページ	https://coin.z.com/
取り扱う仮想通貨	BTC、ETH、XRP、LTC、BCH
取引可能な法定通貨	JPY
特徴	東証1部上場のGMOインターネットのグループ会社が運営する。取引の手順がわかりやすく、初めて投資をする人向き。

DMM ビットコイン	
ホームページ	https://bitcoin.dmm.com/
取り扱う仮想通貨	BTC、ETH、XEM、XRP、LTC、ETC、BCH
取引可能な法定通貨	JPY
特徴	DMMグループが運営する「東京ビットコイン取引所」が改名し、2018年1月よりサービスを開始。

CHAPTER.2　今日からはじめるビットコイン取引

みんなのビットコイン	
ホームページ	https://www.min-btc.com/
取り扱う仮想通貨	BTC、ETH、BCH
取引可能な法定通貨	JPY、USD、EUR、AUD、SGD、HKD、CNY、IDR、PHP、INR　※JPYのみ入出金可能。
特徴	JASDAQに上場するトレイダーズホールディングスの孫会社が運営する。高機能の取引ツール「BTトレーダー」が魅力の一つ。

22 取引所と販売所は、どう違う?

　ビットコインなどの仮想通貨を売買する場所には、「取引所」と「販売所」があります。同じサービスの中に取引所と販売所を展開している業者もあるため、違いがわかりにくいかもしれません。どこがどう違うのか、具体的に見てみましょう。

マッチングを行う「取引所」

　仮想通貨投資を行う場所といえば、一般的には取引所を指します。取引所では、口座を開設しているユーザー同士での売買を行います。株式投資でいう証券取引所と同じ役割をする場所といえばおわかりいただけるでしょう。買いたい人（需要）と売りたい人（供給）の条件が合えば取引は成立します。基本的に販売所よりも良いレートで取引することが可能です。相場の状況がわかり、ほかのユーザーの注文を板で確認できるのも利点といえます。また、指値注文や逆指値注文はユーザーの指定価格で取引が成立するので、取引所でのみ可能な注文方法です。ただし、取引所ではマッチングが成立しなければ取引はできません。すぐに売買したい場合や大量に取引したい場合には向かないケースもあります。

わかりやすい「販売所」

　一方、販売所はユーザーと業者の間で直接取引をすることになります。普段の買い物のようで考え方はわかりやすいでしょう。仮想通貨を販売しているので、いつでも確実に売買することができます。購入する際は販売手数料が上乗せされていることもあるため、取引所よりも割高になるケースがあります。同様に売却時のレートも取引所に比べると割安になることがあります。販売所のスプレッドは業者の収益になることが多く、取引所の手数料に比べて割高になる傾向があります。取引所では間に合わない数量を売買したい場合や急いでいる場合でなければおすすめできません。

　なかにはスマホアプリでは販売所のみ展開している業者もあるので、取引の前によく確認しましょう。また、1日あるいは1回の取引上限が決まっている場合もあります。

　取引所と販売所の違いがおわかりいただけたでしょうか？基本的には良いレートで売買できる取引所をおすすめしますが、確実に売買を行いたいときやわかりやすさを重視したい場合は販売所というように使い分けてみてください。

23 海外取引所をすすめられない理由

　仮想通貨取引所は海外にも数多くあります。ビットコインだけではなくアルトコインも数多く扱うところが多いため魅力的ではありますが、海外取引所での取引はやめましょう。日本国内でも海外取引所に対する規制の強化が目立ちますが、そもそも金融庁の登録を受けていない海外の取引所が日本居住者を勧誘することは法律でも禁止されています。正しい知識を身につけたうえで取引しましょう。

日本で運営できるのは金融庁の登録を受けた取引所のみ

　日本では2017年4月に改正資金決済法が施行され、金融庁の登録を受けた業者のみが仮想通貨交換業者として取引所を運営できるということが法律で定められています。つまり、無許可で取引所を運営することは法律に違反することになるのです。
　さらに、同法律では登録を受けていない海外取引所（外国仮想通貨交換業者）が国内にある者に対してサービスの勧誘をすることを禁じています。
　2018年4月現在、金融庁の登録を受けた海外取引所はありません。2018年3月には日本でサービスを展開する海外大手取引

所に対し、金融庁から警告が発表されました。今後さらに海外取引所に対する規制は厳しくなっていくと見られています。

多くの仮想通貨を取り扱う一方、規制がないためリスクも

　海外取引所は膨大な種類の仮想通貨を取り扱うところが多いため、日本では取引できない仮想通貨でも海外取引所では取り扱っているというケースもあるでしょう。また、ハードフォークによって新たな仮想通貨が誕生する際に、海外取引所でのみ取り扱うというケースもさらに増えていくと見られています。この点は国内の取引所にはない魅力といえるでしょう。

　しかし、規制のない国外においては投資家保護にかかるリスクがあることを忘れてはなりません。日本の改正資金決済法は仮想通貨取引に関する利用者保護の観点からその内容が定められています。金融庁が仮想通貨交換業者を登録する際に、取り扱う仮想通貨についても安全性を厳しくチェックしているのはこのためです。

　海外取引所に対する国内の規制は、仮想通貨の普及と反比例するように今後もさらに強まっていくでしょう。

24 取引所に登録しよう

　それでは、いよいよ口座を開設して取引を始めてみましょう。取引所での口座開設の基本的な流れを大まかに解説します。仕様や詳細は取引所によって違うので、それぞれの手順に沿って進めてみましょう。

・口座開設のための必要事項を入力する

　取引所のホームページにアクセスして、口座開設画面からログインID、パスワードを設定し、氏名、住所、生年月日などの必要事項を入力します。取引所によっては、入出金用の銀行口座の登録をこの時に済ませる場合もあります。

・本人確認書類を提出する

　取引画面から本人確認書類をアップロードします。申し込みのときに入力した氏名、住所、生年月日が確認できる書類の画像を用意しましょう。顔写真付きの場合は1種類、顔写真なしの場合は2種類の提出が必要です。また、IDセルフィー（本人確認書類と一緒に写っている写真）の提出が必要な取引所もあります。

　使用できる主な書類は以下のようなものがあります。

〈顔写真付き〉
- 運転免許証
- 住民基本台帳カード
- パスポート
- 在留カード
- 特別永住者証明書

〈顔写真なし〉
- 各種健康保険証
- 住民票の写し
- 印鑑登録証明書

・郵便物を受け取る

　取引所での書類審査後、住所確認のために本人確認書類の住所宛てに郵便物（転送不要・簡易書留）が届きます。はがきを受け取ったら口座開設が完了します。

・取引開始

　設定したログインIDとパスワードでログインし、取引を始めましょう。

取引の始め方

01　必要事項入力

取引所の口座開設画面からログインID・パスワード設定後、氏名・住所・生年月日などの必要事項を入力する。

取引までのフローはどの取引所でもだいたい同じなのね

02　本人確認書類提出

取引画面から本人確認書類をアップロードする。基本的に顔写真付きの書類が必要となり、顔写真なしの場合は2種類の提出が必要な取引所が多い。

使用できる書類は取引所のホームページで確認しよう

CHAPTER.2 今日からはじめるビットコイン取引

03 郵便物受取

本人確認書類の住所宛てに取引所より郵便物が発送される。転送不要・簡易書留の場合がほとんどなので、受け取れなかった場合は各社サポートへの問い合わせが必要。

04 取引開始

設定したログインIDとパスワードでログイン。まずが取引口座に入金しよう。

これで投資家デビューだ

25 取引口座に入金しよう

　取引を始める前に入金します。日本円の入金と仮想通貨の入庫が可能です。

・日本円の入金
　入出金画面にて通貨JPY（日本円）を選択し、画面に表示される指定金融機関へ振り込みます。一人ひとりの振り込みを判別するため、ほとんどの取引所では振込人名義に入力する番号を指定しています。この番号を取得するために事前の申請が必要な取引所もあるので、振り込む前に確認しましょう。

　取引画面の反映までには時間がかかる場合もありますが、取引所によっては、夜間や土日祝でも反映が可能なクイック入金を採用している場合もあります。急いで入金したい方にとっては大変便利なサービスです。ただし、手数料が通常より多くかかることもあるので注意してください。

　入金が反映されたことを取引画面で確認したら、いよいよ仮想通貨の取引が可能になります。

・仮想通貨の入庫

仮想通貨の場合は入庫といいます。入庫したい仮想通貨を選択し、画面に表示される指定仮想通貨アドレスへ入庫したい仮想通貨を送付します。ブロックチェーン上での処理が完了したら取引画面へ反映されます。

26 2段階認証は忘れずに!

取引前にやるべきは2段階認証の設定

口座を開設して入金したらさっそく取引、といきたいところですが、その前にセキュリティ対策をしましょう。仮想通貨の取引をする際には2段階認証は必ず設定しておくことをおすすめします。

2段階認証を設定するとログイン時にログインID、パスワードを入力後、さらに認証コードを入力しなければなりません。認証コードはスマートフォンアプリで確認できるほか、登録されているメールアドレスにて受信することも可能です。ログインするたびに変わるため、2段階認証は不正アクセスを防ぐための大きな役割を果たします。それで万全というわけではありませんが、備えておくに越したことはありません。

・登録はとてもカンタン！

ここでは多く使われるGoogle 2段階認証のアプリを紹介します。まずはスマホにアプリ(iOS：Google Authenticator、Android：Google認証システム) をダウンロードします。

アプリを開いて「アカウントの追加」もしくは「＋」ボタン

CHAPTER.2 今日からはじめるビットコイン取引

から「バーコードをスキャン」を選択すると、QR コードリーダーが起動します。取引所の画面にて「2 段階認証を設定」という項目を選択すると QR コードが表示されるので、アプリで読み取ります。

スマホを機種変更した場合は 2 段階認証を一度解除して設定しなおさなければなりません。取引所に問い合わせれば解除が可能です。このほか、複数のデバイスで QR コードをスキャンしておいたり、QR コードのスクリーンショットを保存しておいたりすることで、自身で対応することも可能のようです。

27 まずは現物取引をはじめよう

現金とビットコインを交換する基本的な取引

　ほとんどの取引所では、ビットコインの取引方法には「現物取引」と「レバレッジ取引」があります。ここではまず基本となる現物取引について見てみましょう。

　現物取引とは、現金とビットコインを交換する取引のことを指します。1BTC＝100万円のときに1BTCを購入する場合は、100万円の現金が必要になります。私たちが食料品や洋服を日本円で買うのと同じように、取引が成立すれば、ビットコインの所有者は購入した人に移ります。

・買値と売値

　売買を始める前に、「買値」と「売値」について覚えておきましょう。買値とはビットコインを買うときの価格で、売値は売却するときの価格ですが、この2つには差があり、基本的には買値に対して売値のほうが安くなります。この差は販売手数料のようなもので、取引所の収入となることもあります。取引所によって率が変わるので、ホームページなどでチェックして、なるべく有利なところを選ぶようにしましょう。

CHAPTER.2 今日からはじめるビットコイン取引

ビットコインの買値と売値

購入価格（BTC/JPY）
1,000,000

売却価格（BTC/JPY）
990,000

数量（BTC）　　　　　　日本円参考総額

Ⓑ　　　　0　　　　¥　　　0　　円

+1　　+0.1　　+0.01　　クリア

コインを売る　　　コインを買う

95

28 取引画面の見方を覚えよう

　それでは実際の取引画面を見てみましょう。取引所によって表示される内容は異なりますが、ここでは一般的な項目について解説します。取引画面には、主に次のような項目があります。

・プライスボード
　各通貨ペアの売値と買値が表示されます。現在の価格を一目で確認できます。

・チャート
　過去から現在までの相場の動きをグラフで確認することができます。チャートの見方は次項で解説します。1分足や5分足から月足、年足などさまざまな期間の値動きを確認できるほか、チャートに線を引いたり、売買のタイミングをはかるための参考となる指標を表示させたりして使います。

・注文画面
　実際に売買を行う画面です。通貨ペアや注文方法の選択価格や取引数量、レバレッジ倍率などの設定をして注文します。

・板情報／現在のレート

　現在の売値と買値を確認するときに使用します。現在市場で提示されている注文を確認できる板情報が表示される取引所もあります。

・注文履歴／約定履歴

　これまでの注文について、注文や約定の日時、取引量、注文価格、約定価格、注文番号、約定番号など詳細に確認できます。

・入出金画面

　日本円の入金に使用する番号や振込先、仮想通貨の入庫先アドレスを確認できます。また、日本円の出金や仮想通貨の出庫手続きもここで行えます。

・全取引履歴

　これまでのすべての取引について、価格や数量、トランザクションIDなどを詳細に確認できます。

・アカウント状況

　現在の残高や証拠金の使用状況など、さまざまな情報を確認することができます。

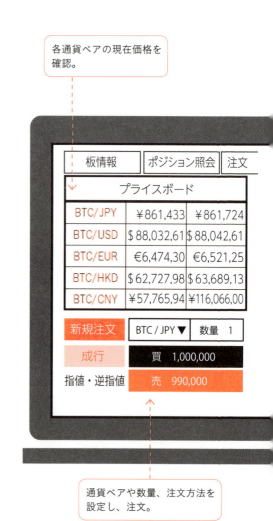

CHAPTER.2 今日からはじめるビットコイン取引

29 チャートの見方を覚えよう

チャートを確認してみよう

　ビットコインの取引において売買のタイミングをはかるためには、チャートを参考にすることをおすすめします。チャートとは相場の動きをグラフにして表示し、視覚化したものです。株式やFX投資の際にも不可欠なので、投資に慣れている方にはおなじみでしょう。

　チャートを見れば、過去の値動きのパターンや大きな値動きのタイミングなどがわかり、売買のタイミングをはかるヒントになります。そのほかにも分析することでさまざまな情報を得られるので、まずは基本的な見方を覚えましょう。

　チャートの種類には「バーチャート」「ラインチャート」「ローソク足チャート」「平均足チャート」などがありますが、なかでも日本生まれの「ローソク足チャート」は、シンプルかつ多くの情報が得られる人気の高いチャートです。ここでは「ローソク足チャート」の見方について解説します。

・ローソク足

　1本のローソク足が一定の期間を表し、その期間の始値(はじめね)、終

値、高値、安値が一目でわかります。

　始値より終値が上昇して終わった場合は「陽線」と呼ばれる白抜きで、逆に始値より終値が低くなった場合は「陰線」と呼ばれる色塗りで表されます。

ローソク足

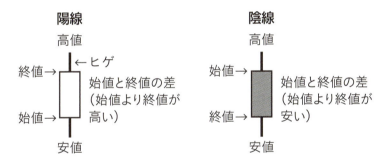

・始値：その期間（日、週、月など）の最初に提示された価格
・終値：その期間の最後に売買が成立し、取引された価格
・高値：その期間提示されたなかで最も高い価格
・安値：その期間提示されたなかで最も安い価格

ローソク足が連なったものをローソク足チャートといいます。1本のローソク足が1日の値動きを表す「日足」、1週間の値動きを表す「週足」、1か月の値動きを表す「月足」のほか、短いものでは1分足から長いものでは年足までさまざまな期間の値動きを表すチャートがあります。当然グラフの形状も異なるので短期型、長期型など投資のスタイルに合わせて参考にするとよいでしょう。

・トレンドとは

　トレンドとは方向感の有無を表します。例えば買いの方向感があればそれを意識した投資家によって多く買われるためドミノ倒し的に値段が上がり、逆に売りの方向感があれば同様のメカニズムで多く売られて下がっていきます。上昇下降がはっきり見られる状態を、それぞれ「上昇トレンド」「下降トレンド」と呼びます。また、方向感がなく一定の変動幅のなかで売りと買いが均衡して上昇下降を繰り返す状態を「レンジ」と呼びます。

CHAPTER.2　今日からはじめるビットコイン取引

トレンド相場とレンジ相場

レンジ相場

トレンド相場

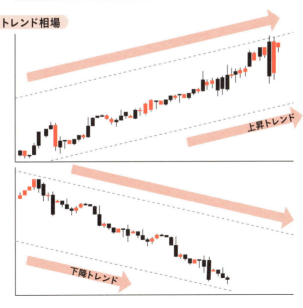

上昇トレンド

下降トレンド

30 ビットコインの基本的な注文方法

ビットコインの主な注文方法には、「成行注文」「指値注文」「逆指値注文」があります。これらの方法について見てみましょう。

・成行注文

価格を指定せずに提示されたレートで売買します。成行で買い注文をすれば市場で提示されている最も価格の低い売り注文から順にマッチングされ、取引が成立します。売り注文の場合も同じく、最も価格の高い買い注文から順に取引が成立します。

成行注文は注文を出してすぐに取引が成立するので、価格の差が少々あっても急いで売買したいときにおすすめします。ただし、流通量が少ないときに成行注文をすると予想した価格と異なる価格で成立することもあるので、注意してください。

成行注文

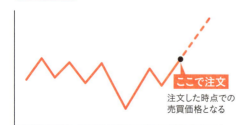

・指値注文

　価格を指定して売買します。例えば、1BTC＝100万円のときに1BTC99万円で指値買い注文をした場合、1BTCが99万円にならなければ取引は成立しません。売却も同じく、1BTC101万円で指値売り注文をした場合は、1BTCが101万円にならなければ注文は成立しないままになります。

　希望価格で売買できることが最大のメリットですが、指定した価格になかなかならない場合は時機を逃してしまうこともあります。いつも画面の前にいなくても計画的に注文をする人には、有効な注文方法です。

・逆指値注文

　指値注文と同様、価格を指定して売買しますが、現在より不利な価格で注文を行うのがポイントです。例えば、1BTC＝90万円で推移している相場において、100万円以上に値上がりした際にその流れに乗って買えるように、現在より高い100万円を指定して買い注文を出します。実際に価格が100万円になったら買い注文が約定する仕組みです。

　売却の場合は逆に現在より安い価格を指定して注文を出します。例えば値上がりを予想して1BTC100万円で買い、同時にその1BTCに99万円で逆指値注文を出しておきます。もし相場が

急落して90万円になったとしても、99万円で売り注文が成立するので損失が小さくなるのです。このようにトレンドに沿った売買や損失の限定を狙いとする注文方法です。

指値注文と逆指値注文

指値注文

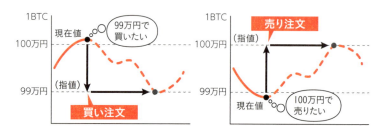

逆指値注文

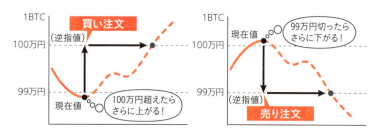

Column 3 通貨初めて物語 2

金銀に頼らない通貨の誕生

12世紀ごろになると、中世イタリアでは金銀に頼っていた商取引を一変させる画期的な発明がなされます。現在のトラベラーズチェックや手形の原型になるものです。

当時のイタリアはヨーロッパにおける交易の中心であり、東西交易の要所だったので、さまざまな地域から持ち込まれる異なった基準の通貨を扱う両替商が発達していました。一方で、この時代は地中海での交易の支配権をめぐって戦乱が絶えなかった時代でもあります。そのため周辺国家は金銀の移動を厳しく制限しました。拡大し続ける商業圏と、金銀による資金移動の制限。この矛盾する問題を解決するために誕生したのが手形や小切手です。

多くの都市国家では、すでにそれぞれの両替商が組合のようなものを形成していました。すでに力をつけ始めていたそれら両替商たちの組合と、当時絶大な信用を集めていたキリスト教会が結びつくことで、手形による決済システムを作り上げていきました。両替商側は教会のもつ絶大な信用を、そして教会側は両替商たちのコミュニティを、互いに利用することで、ヨーロッパの経済圏は飛躍的な発展をとげていきます。安全に、便利に、そして確実に、通貨はいつの時代でも「求められて」進化してきたのです。印刷技術の進歩によって、「紙幣」が誕生したのは実はつい最近のことなのですね。

CHAPTER. 3

損をしないための
基本戦略

₿

ビットコイン投資を始めるときに
知っておきたい基本的な情報や
ノウハウなどを解説します。
売買のタイミングを上手につかんで、
より大きなリターンを目指しましょう。

31 今後の動きを予測してみよう

　株式やFXと同じく、ビットコインに投資する際にも、今後相場がどのように動くかある程度予測することが必要になります。相場は上昇と下降を繰り返しながら徐々に上がっていくと見られていますが、何かしらの出来事をきっかけに大きく動くことがあります。ビットコインの場合は、先にも述べたように基本的に需給バランスによって価値が決まりますが、それでもやはり外的要因により値動きが左右されることがあります。そのため世界で仮想通貨がどのように扱われているか、注目することが大切です。

　過去に遡って、象徴的な出来事を見ていきましょう。

2010　初めての決済はピザ2枚との交換

　2010年5月22日に最初の決済（ピザ2枚との交換）が行われました。今でこそ取引や決済がさかんに行われていますが、本来決済通貨として開発されたビットコインが実際に価値との交換に利用されるきっかけとなったとして、5月22日は「ビットコイン・ピザ・デー」とも呼ばれています。

2011 大手メディアに取り上げられ話題に

2011年4月、アメリカのニュース雑誌「TIME」でビットコインの特集が組まれました。大手メディアに取り上げられたことをきっかけに注目を浴び、最初のバブルを迎えました。

2013 資産退避先としての信用度を高めるも中国のビットコイン禁止で下落

転機は2013年3月、ヨーロッパのギリシャ・キプロスを中心に起きた金融危機でした。預金を封鎖され、銀行から所有資産を引き出せなくなってしまった人たちがビットコインATMで資産を引き出し、現金化することで危機を逃れることができたのです。この出来事をきっかけにビットコインの信用度は高まり、急速に上昇していきます。

しかし同年12月、日本でもテレビでビットコイン特集が放送されるなどして話題になるなか、中国政府がビットコイン取引を禁止したことで価格は大きく下落しました。

2014 マウントゴックス事件により下落

2014年2月、大手取引所のマウントゴックスがハッキングを受け、顧客資産である75万BTCと28億円、さらに自社保有の

10万BTCが不正に流出しました。いわゆる「マウントゴックス事件」です。このことによってビットコインへの不信感は強まり、暴落しました。当初、原因は代表者であるマルク・カルプレス氏による横領だとしカルプレス氏は逮捕されましたが、後にハッキングが原因であったことがわかっています。

ビットコイン誕生から2016年までの価格推移

2017 仮想通貨元年、止まらない高騰

日本国内においては「仮想通貨元年」といわれた 2017 年、ビットコインにまつわる多くの出来事が起きました。

4月

金融庁が「改正資金決済法（仮想通貨法）」を施行したことから認知度が高まり、投資を始める人が急速に増えました。

8月

ビットコインが分裂して「ビットコインキャッシュ」が誕生し、価格は乱高下したものの、その後はさらなる値上がりを見せました。

9月

中国政府が ICO を禁止して一時的に下落し、その後回復しました。

10月

ハードフォークにより「ビットコインゴールド」が誕生して一時的に下落し、その後回復して高値を更新。

11月

予定されていたハードフォーク「Segwit2x」が中止となり、一時暴落しました。

12月

一時的に年初の20倍の値をつけるまでに値が上がりました。

2018 国内大手取引所の不正送金などにより下落

1月に国内大手取引所コインチェックにおいて、不正アクセスにより、顧客資産のNEM580億円が不正送金されました。

同社は約26万人の保有者に対して日本円で補てんを行い、マネックスグループの傘下に入ることで事業を継続することを発表しました。こうした事件もあり、年初から下落しました。

これまでの経緯を紐解くと、国の規制強化や法整備、あるいは取引所のハッキング事件やハードフォークなどが大幅な値動きのきっかけとなるようです。日本国内においては今後さらなる法整備の動きがあると見られるので、ニュースなどをチェックして常に最新の情報を確認しましょう。世の中の動きに着目することで相場の動きにも敏感になることができます。もちろん仮想通貨関連のメディアも大いに役立つと思います。

CHAPTER.3 損をしないための基本戦略

2017年以降の出来事と価格推移

32 レバレッジを有効に使おう

　ビットコインの取引には、現物取引のほかにレバレッジ取引があります。レバレッジとは、「テコの原理」の意味。レバレッジ取引とは、取引した現物を動かさずに結果のみ残高に反映する「差金決済」という仕組みによって、手元にある資金の何倍もの取引を行い取引によって出た損益分だけを受け渡す方法を指します。そのため現物取引よりも大きなリターンを得ることが可能です。レバレッジ取引の特徴について見てみましょう。

より大きなリターンを狙う

　レバレッジ取引の魅力は、なんといっても手元の資金が少なくても大きな取引ができる点にあります。レバレッジの倍率は取引所によって異なりますが、例えば倍率が10倍の場合は、10万円の資金で100万円の投資をすることができます。現在では倍率を5倍から25倍くらいに設定している取引所が多いようです。価格変動が大きいビットコイン取引においては、レバレッジを上手く効かせることによって現物取引よりもさらに大きなリターンを狙うことが可能になります。
　また、レバレッジにおいては「売り」から取引を始めること

CHAPTER.3　損をしないための基本戦略

もできます。先に売却し値段が下がったところで安く買い戻すという手法です。高い価格で売って安く買い戻すことで、差額が利益となります。

ただし、取引のタイミングを見計らうのはなかなか難しいので、初めての方には向かないかもしれません。

レバレッジ＝テコの原理

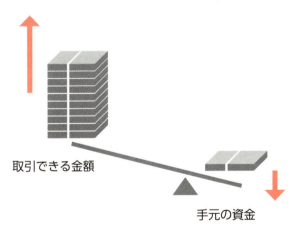

取引できる金額

手元の資金

証拠金と手数料の仕組み

　証拠金とは、レバレッジ取引を始める際に必要な資金のこと。レバレッジ10倍で100万円の取引をする場合は、10万円が証拠金となります。実際に利益をあげた場合には、100万円の取引分の利益が反映されます。ただし、損失も同様に100万円の取引分の金額となるので注意が必要です。

　大きな損失を出すと残高が証拠金として必要な金額を下回ってしまうこともあります。必要な証拠金に対してどれくらいの金額を預け入れているかは、証拠金維持率で表します。これが一定の水準を下回ると、決められた期日までに追加で保証金を預ける必要がある場合もあります。これを追加証拠金（追証）といい、取引所によってルールが異なるのでレバレッジ取引を始める前に必ず確認しましょう。

　また、レバレッジ取引を行う際には別途手数料がかかることも覚えておいてください。

CHAPTER.3 損をしないための基本戦略

レバレッジとは

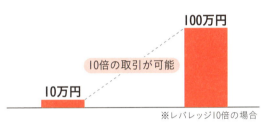

※レバレッジ10倍の場合

10万円の資金で取引。レバレッジによる損益の違い

レバレッジ	1BTC=100万円の時に購入できるビットコイン数量	1BTC=**101万円**になった時の資金	損益
1倍	0.1BTC (100,000円)	0.1BTC (101,000円)	1,000円
10倍	1BTC (1,000,000円)	1BTC (1,010,000円)	10,000円
25倍	2.5BTC (2,500,000円)	2.5BTC (2,525,000円)	25,000円

リターンが大きい分、損失も大きくなる

レバレッジ	1BTC=100万円の時に購入できるビットコイン数量	1BTC=**99万円**になった時の資金	損益
1倍	0.1BTC (100,000円)	0.1BTC (99,000円)	-1,000円
10倍	1BTC (1,000,000円)	1BTC (990,000円)	-10,000円
25倍	2.5BTC (2,500,000円)	2.5BTC (2,475,000円)	-25,000円

リスクを理解して投資しよう

　前述のように、より大きなリターンを狙えるということは、その分リスクも大きくなるということです。ビットコインは価格変動が激しいので予想した以上に値が動き、損失が膨らむ場合があります。さらには現物取引と違って、資金の全額が手元にない状態で投資を行っている状態ですので、実際の資金以上の損失を出すことにより残高がマイナスになる可能性もあります。

　ほとんどの取引所では、リスクを避けるためにある一定の損失が出たところで取引を停止するシステムを備えていますが、リスクについて充分理解しておくことが大切です。なにより、余裕をもって投資するようにしましょう。上手に利用することで資金をぐんと増やすこともできます。

リスクヘッジの味方、ロスカットとは？

　ビットコインのレバレッジ取引では、ロスカットが行われることもあります。ロスカットとは、含み損が大きくなりすぎた場合に自動的に行われる強制決済のことを指します。証拠金維持率がある一定のレベルになった時点で強制的に決済注文が発注され、取引の損失が確定することとなります。損失の確定というとマイナスなイメージをもたれるかもしれませんが、損失を一定の水準にとどめられるため、ロスカットはリスクヘッジに不可欠と言えます。どのくらいの損失を出したときにロスカットが行われるかは取引所によって異なりますので、取引所のホームページなどで確認しておいてください。

損失を一定の水準にとどめるロスカットの仕組み

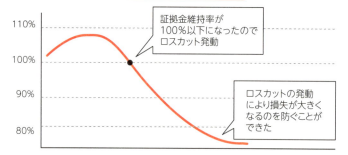

※最低証拠金維持率100％の場合

CHAPTER.3 損をしないための基本戦略

ロスカットが発動されるまでの流れ

例えば

100万円の預託証拠金でスタート

↓

1BTC=100万円の時に10BTC購入　※レバレッジ10倍、必要証拠金は100万円

↓

1BTC=99万円になってしまった

↓

(99万円-100万円)×10BTCで

10万円の損失

預託証拠金　損失　現在の純資産額
100万円　−　10万円　＝　90万円

取引所の定めた
最低証拠金維持率
例：100%
※取引所により異なります

↓

現在の証拠金維持率 ・・・・・・・ 90%

下回ると…

ロスカット発動

123

33 チャートを分析しよう

　チャートを分析するときに、相場の動きをより予想しやすくするためにチャートの上にテクニカル指標を表示させることができます。さまざまあるテクニカル指標のなかでも売買に役立てやすく人気の高いものについて説明します。

・移動平均線

　世界中の投資家に使われる最も有名なツール。一目でトレンドが確認でき、初心者にも比較的わかりやすい指標です。また、移動平均線を表示させることでローソク足のみの状態よりも相場の流れが見やすくなります。

　一定期間の終値の平均値をつなぎ合わせて線にしたもので、例えば5日平均線であれば直近5日間の終値の平均値をつないだ線で表されます。そのため、計算期間が長いほど移動平均線は緩やかな形状になります。

　人気の理由はなんといってもそのシンプルさでしょう。移動平均線の向きとローソク足との位置関係を見るだけで、次のようにトレンドを確認することができます。

- ローソク足が上向きの移動平均線より上：上昇トレンド
- ローソク足が下向きの移動平均線より下：下降トレンド
- ローソク足と移動平均線が重なっている：レンジ相場

また、トレンドが発生している相場で移動平均線とローソク足がクロスしたときはトレンドの転換点となるため、売買サインとなります。

移動平均線を使ったトレンド判断

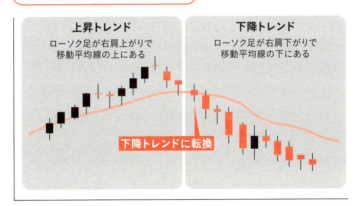

期間の異なる移動平均線をいくつか組み合わせて表示させると、より強い売買サインをつかむことができます。計算期間の長い移動平均線と短い移動平均線の位置関係に着目することで、相場の変化を察知しやすくなるためです。移動平均線の変数（計算期間）は自由に設定することができ、短期であれば5日や7日、長期であれば20日や28日などを表示させると良いでしょう。

　買いサインのなかで最もポピュラーなものが「ゴールデンクロス」です。短期移動平均線が長期移動平均線の上に抜けるポイントで、長期的に売られていた相場が好転したことにより短期的に買われたために起こります。これを境に相場が長期的に買われ始めることを示しています。

　一方、長期的に買われていた相場の悪化により短期的に売られると、短期移動平均線が長期移動平均線の下に抜けていきます。このポイントは売りサインで、「デッドクロス」と言い、相場が長期的に売られ始めることを示しています。

　ゴールデンクロス、デッドクロスは非常にわかりやすい売買サインなので、初心者にとっても取り入れやすいのではないかと思います。

CHAPTER.3 損をしないための基本戦略

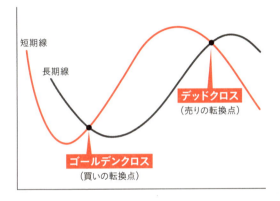

・ボリンジャーバンド

アメリカのジョン・ボリンジャーが考案したトレンド系のテクニカル指標です。移動平均線を中心として上下に置いた標準偏差のラインを指します。過去の値動きを元に統計学を用いて求められたもので、将来の値動きの大半がこのラインのなかに収まるという考え方に基づいています。ボリンジャーバンドの±1σ（シグマ）内に値動きが収まる確率は68.3%、±2σ内に収まる確率は95.5%といわれます。

高い確率でライン内に収まることから、ローソク足がラインから出た場合、高い確率でライン内に跳ね返るであろうと考え

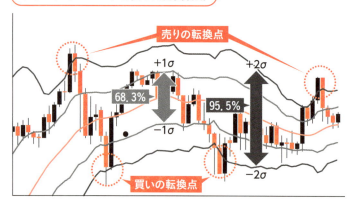
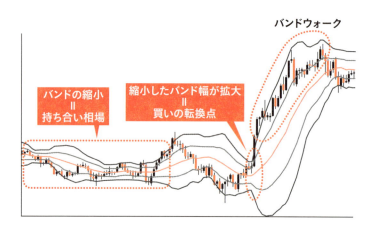

ることができます。そのため、-2σを抜けたら買い、+2σを抜けたら売りという風に売買することで、安い価格で買って高い価格で売るという手法があります。このような売買はトレンドに逆らうため「逆張り」といいます。

　また、バンドが縮小しているときはその分値動きの幅も小さくなりますが、縮小していたバンドが上下に大きく開くとトレンドにも勢いが出てきます。特にボリンジャーバンドの＋１αと＋２α(または－１αと－２α)の間を推移している場合は強いトレンドで、「バンドウォーク」と呼ばれます。バンドウォークが発生しているときは上昇トレンドなら買い、下降トレンドなら売りというふうにトレンドに沿って売買すると良いでしょう。このような手法は「順張り」といいます。

・一目均衡表
　一目山人(いちもくさんじん)が考案した日本発のテクニカル指標です。見たところチャート上に多数の線が表示されるので難解なイメージを受けるかもしれませんが、見方は意外にシンプルです。基準線、転換線、雲（先行スパン１、先行スパン２から形成）、遅行スパンという要素からなり、これらとローソク足との位置関係を見ることで、トレンドや売買サインを確認できるだけでなく過去と未来の値動きも見ることができます。

基準線は傾きやローソク足との位置関係を見ることでトレンドを確認できます。26日間の最高値と最安値の平均値をつないでいるためレンジ相場であれば水平のままですが、傾いた場合には移動平均線よりも強いトレンドと判断することができます。上向きであれば上昇トレンド、下向きであれば下降トレンドです。

　また、さらに短い9日間の高値と安値の平均値をつないだ転換線は、基準線との位置関係によって売買のサインをつかむことができます。転換線が基準線を上抜けていれば買いサイン、下抜けていれば売りサインで、こちらも移動平均線のクロスより強いシグナルといえます。

　26日前の値動きを表す遅行スパンは、ローソク足との位置関係を見ることで26日前に売買していた人の損益を分析することができます。たとえば遅行スパンがローソク足の上にある場合、26日前に買っていた人は利益が出ているため、さらに買われることが予想できます。また、ローソク足を上抜けたら買いサイン、下抜けたら売りサインというように、遅行スパンも売買シグナルとなります。

　さらに一目均衡表の特徴である未来の値動きを表す2本の先行スパンは「雲」を形成し、雲とローソク足の位置関係からも売買のサインを探ることができます。

相場の未来を見渡す一目均衡表

一目均衡表の構成要素

1.基準線	2.転換線	3.雲	4.遅行スパン
為替レートとの位置関係や傾きでトレンド判断	基準線とのクロスでトレンド転換を判断	値動きの停滞帯や支持帯として機能	日々線とのクロスは値動き加速のシグナル

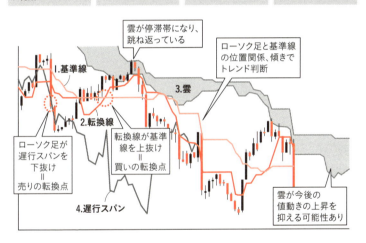

・RSI（Relative strength index）

　一定期間における上げ幅、下げ幅から「売られすぎ」や「買われすぎ」を判断するオシレーター系のテクニカル指標です。直近の一定期間の終値をベースに上昇と下降それぞれの変動幅を合計して、上昇幅の累計が全体の何パーセントを占めるかで判断します。

　上昇トレンドに入ると50％以上になり、下降トレンドに入ると50％以下になります。基本的には、70％以上は買われすぎ、30％以下は売られすぎと判断されます。計算期間は一般的に、日足で9日から52日程度、週足では9週から13週程度で行われます。

　売られすぎと判断されれば買う人が増え、買われすぎと判断されれば売る人が増えることが予想されるため、比較的見やすい指標です。ただし、急騰や急落の際には100％や0％に大きく振れてしまうため、テクニカルとして機能しなくなる場合があります。緩やかな値動きのときやレンジ相場を狙って使うのがおすすめです。

CHAPTER.3 損をしないための基本戦略

相場の方向感を見るRSI

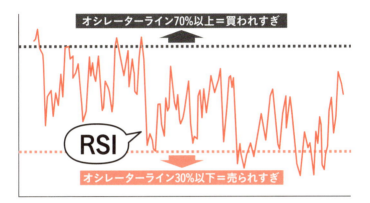

・ピボット

　前日の価格を基準として今日の相場の重要なポイントを導き出すテクニカル指標です。短期売買において信用度の高い指標といわれています。

　サポートとなるS1、S2、S3ライン、レジスタンスとなるR1、R2、R3ラインと、前日の高値、安値、終値で算出したピボットをチャートに表示させて使います。それぞれのポイントにプロや大口トレーダーをはじめ多くの投資家が注目しているため、ポイントでトレンドが転換したり、あるいはポイントを抜けるとトレンドが加速したりする可能性が高いのです。そのため、ポイントに到達したら逆張り、ポイントを抜けたら順張りというのが基本的な手法です。

　数あるなかから人気の高いテクニカル指標を取り上げました。初めて見る方にとっては少し難解に感じられるかもしれませんが、一つひとつ理解することによって、チャートの見方が深まるのではないかと思います。相場の動きや投資スタイルによって何を基準にするかは異なります。私の場合、相場を見始めた頃は毎日、月足、日足、5分足をプリントアウトしトレンドやポイントを書き込みながらその日の動向を決めていました。月足、日足では上値と下値を結ぶことでトレンドを見極め、5分

足では前日の高値と安値を線にして目安を作っていました。このように研究しながら相場に慣れていったものです。

　実際に分析を進めながら、見やすさ、使いやすさなどそれぞれの特徴をつかんで、自分に合うものを見つけてください。

前日の価格から動きを予測するピボット

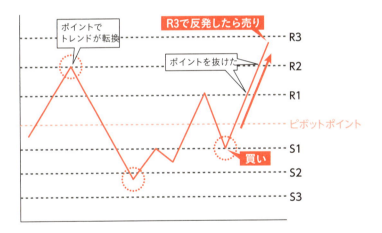

34 損をしないための取引方法

　ビットコイン投資で利益を上げるには、いうまでもなく「安く買って」「高く売る」ことが基本です。前項で取り上げたローソク足チャートやテクニカル指標を活用して、取引のタイミングをつかみましょう。ここでは、データ分析を実際の投資に活かすための取引手法をいくつか取り上げます。

・「利食い」と「損切り」

　利食いとは、含み益がある時点で売却して利益を確定すること、損切りは、含み損がある時点で売却して損失を確定することを表します。投資をするうえでの基本中の基本で、とてもシンプルな考え方ですが、どのタイミングで行うかが最初はわかりにくいのではないかと思います。

　利食いの場合は、少しでも上がったら利益を出したくなったり、反対に「もう少し上がるのではないか」と考えて持ちすぎて、その間に下がり始めたりすることがあります。ですから、「ここまで上がったら売る！」という自分のルールを決めることがポイントになります。

　また損切りの場合には、相場が下がり始めたら、きっぱり決断して売ることが大切です。「下がってもまた戻ってくるだろう」

CHAPTER.3 損をしないための基本戦略

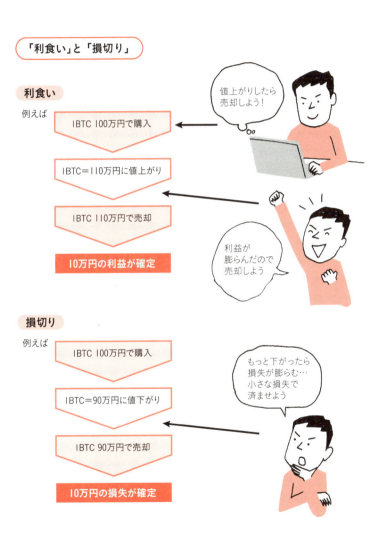

などと考えて持ちすぎると、それ以上に下がってしまい、含み損が大きくなってしまう可能性もあります。特に投資初心者は、こうした失敗に陥りやすいのです。このようなリスクを回避するためにも、チャート上に目安のラインを引いておくなどして基準を設けると良いでしょう。

・「順張り」「逆張り」
　順張りとはトレンドと同じ方向に取引を行うことをいいます。普段の買い物をする感覚でいると、価格の上がっているときに買う、価格の下がっているときに売るという考え方は馴染みがないかもしれません。しかし、価格が上がっているということは多くの人によって買われるために人気があり、今後も価格が上がることが見込まれるということです。そのため、相場では順張りは基本的な手法と考えられています。
　反対に、逆張りはトレンドと反対方向に取引を行うことを指します。安い価格で買って高い価格で売るため、大きな利益を期待できることもあります。ただし、そのまま暴落することもないとは限らないので、初心者には難易度が高いかもしれません。

CHAPTER.3 損をしないための基本戦略

「順張り」「逆張り」

順張り 上がっているものを買う。下がっているものを売る。

逆張り 上がっているものを売る。下がっているものを買う。

結論 日常の買い物感覚で逆張りすると、損をする可能性も

・ナンピン

　漢字で「難平」と書き、全体の損失（難）をならすことをこう呼びます。例えば価格上昇を見込んで買ったものの購入時より相場が下がった場合、下がった価格で追加購入をして、平均コストを下げ、全体の損失（難）をならします。また、売却の際も同じく、売却時よりも値が上がった場合に追加で売却をして平均コストを上げます。ただし、相場が予想とは逆に動き続けたり、さらに変動したりすれば評価損がさらに大きくなるため、リスクの高い手法といえるでしょう。相場の動きをよく見極めることが大切です。

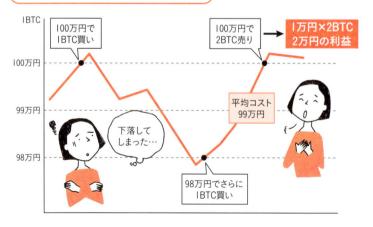

変動による損失を平均化するナンピン

CHAPTER.3 損をしないための基本戦略

・ドテン

保有ポジションを決済して、反対のポジションを保有することを指します。買いポジションを保有していた場合は、決済後すぐに売りポジションに変えます。これを「ドテン売り越し」といいます。逆に、売りポジションから買いポジションに変えることを「ドテン買い越し」といいます。

レンジ相場にあるときに上限下限で行うことで利益を出したり、損失を減らしたりすることができます。ただし、この手法は必ずしも成功するとは限りません。予想とは反対に相場が動くこともあるので、仕掛けるときは注意が必要です。

レンジ相場で利益をあげるドテンの活用方法

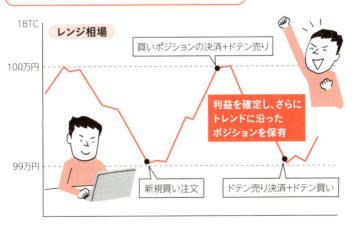

・ドルコスト平均法

　例えば1か月ごとなどサイクルを設定して、定期的に一定の金額分を購入する手法です。値動きに左右されることのない、いわゆる積み立て型の投資方法です。安いときは購入量が多くなり、高いときには少なくなるので結果として平均購入価格が下がっていきます。ただしこの手法は、一定の幅において上昇下降を繰り返す相場のときに限って有効です。相場の動きが激しい際には適さないため、特にビットコインの相場においてはタイミングを見極めて試しましょう。

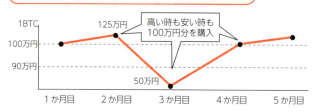

定期的に一定の金額を買うドルコスト平均法

	ドルコスト平均法		1BTCずつ購入	
	保有BTC	コスト	保有BTC	コスト
1か月目	1	100万	1	100万
2か月目	0.8	100万	1	125万
3か月目	2	100万	1	50万
4か月目	1	100万	1	100万
5か月目	0.8	100万	1	125万
合　計	5.6	500万	5	500万

Column 4 まったく普及しなかった日本の貨幣

丸くて平べったい銅の板

7世紀末になると日本にも「富木銭」と呼ばれる貨幣が登場します。続いて8世紀初頭に、みなさんも教科書でよくご存知の「和同開珎」が作られるようになりましたが、実はこれらの貨幣は、当時はまったくといってよいほど普及しませんでした。理由は単純です。「出回っていないから使えるところがない」「初めて見たから信用できない」「ホンモノなのかニセモノなのかわからない」など、仮想通貨の出始めとまったく同じような理由でした。民間で流通するようになるまでにはずいぶんと長い時間がかかったようです。また、民間で作られた貨幣や中国で作られた「宋銭」「明銭」なども混在したため、100年余りにわたって混乱が続くこととなり、政府がさまざまな普及策を講じるものの貨幣経済はなかなか定着しなかったようです。

普及に大きく貢献したのが、「両替商」です。金・銀・銅のほか、規格の異なるさまざまな貨幣を扱う両替商が全国に広がるにつれて、貨幣経済は民間にも広がっていきました。いったん普及してしまえばこんなに便利なものはありません。通貨の普及に伴って両替の技術も発達し、江戸時代になるころには、私たちが普段目にする「ローソク足」も発明されました。

登場─不信・不安─混乱─流通─信用─流通拡大

このように見てみると、仮想通貨のこれまでの流れとまったく同じなのがおもしろいですね。仮想通貨の流通も今後ますます拡大していくのではないかと思います。

CHAPTER. 4

勝率を
上げるために

投資のスタイルは、人によってそれぞれ違うもの。
短期か長期か?
どれくらいの資産形成を考えているのか?
計画の立て方や管理の仕方、
税金についてを解説します。

35 自分に合った投資スタイルを見つけよう

　初めて投資をする方は何においても迷いがちで、いつ売買すればいいのかわからなくなることもあるのではないでしょうか。

　株式やFX投資においては、取引を始めるときに取引期間のサイクルを短期にするか長期にするか、ある程度決めたほうがいいといわれます。これはビットコインに投資する際にもいえることでしょう。短期売買と長期売買とでは、資金を増やすまでの期間や得られるリターンに差があります。それぞれに一長一短があるため、ここではその特徴について解説します。

　自分の投資スタイルや好み、あるいは将来の資産形成計画によって適切な投資を行いましょう。

短期売買で「勝ちグセ」をつけて少しずつ資金を増やす

　短期とは数分単位から数日間に購入と売却を繰り返すもの。取引期間がきわめて短く、即断即決が求められます。そのため、リターンは少額ながら、素早く得ることができます。トレードの成功が続けば初期資金が少なくてもゆくゆくは大きなリターンを狙えるうえ、仮想通貨は価格変動が激しいので、レバレッジ

CHAPTER.4　勝率を上げるために

を効かせることで短期売買でも結果として比較的大きなリターンを期待することもできます。短期売買で成功を積み重ねていくには、値が動いたときにすぐ売却を決める、あるいは値が上がったときに購入を決めるという思いきりの良さが必要になります。

相場の動きを頻繁にチェックする必要があるので、投資に充分慣れている方に向いています。将来的に短期売買での資産形成を狙っているのであれば、まずは少額から始めて取引の回数を重ねることで「勝ち」のタイミングをつかむのもよいでしょう。

長期保有で値上げを待ち、着実に資産形成を狙う

　長期トレードは数か月から数年にわたり保有することで資産形成を狙います。よほどの暴落が起きない限りは保有したままでよいので、初心者でも心にゆとりをもって投資できるのではないでしょうか。将来的に値上がりした時点で売却して利益を確定することになります。

　2017年の高騰を受け、早くからビットコインを保有していた人のなかには億単位の資産を手にした人も少なくなく、「億り人（おくりびと）」という言葉も話題になりました。ビットコインの価値に目を向ける人は今後も増えていくことが予想されます。早急にリターンを得たい場合でなければ、長期保有もおすすめです。

　頻繁に相場の動きを見る必要がないため、忙しい方にも向いています。ただし、相場が下がり始めたときには、どの時点で売却するか決断をすることが必要になります。いくらまで資産が増えたら利食い、またはいくらまで減ったら損切り、などのルールを設けておくのも良いでしょう。

CHAPTER.4 勝率を上げるために

投資スタイルまとめ

・**短期投資**
短い期間で売買を繰り返すスタイル

・**長期投資**
買ったビットコインを長く待つスタイル

> 初心者が失敗しないためには、「自分にできる投資法か」を想像し、自分の投資スタイルを早い段階で確立することが大切です

36 失敗するパターン例

「ビギナーズラック」という言葉は投資の世界でよくいわれますが、ビットコインの場合は、それに反して初めて投資して失敗する例は少なくありません。その一番の理由は、価格変動が激しいことにあるといえるでしょう。失敗パターンに陥りやすい理由はいくつかあります。初心者の場合は特に、勝つことよりも失敗しないことの方が大切です。

・計画をたてずに購入してしまう

最初はとりあえずビットコインを買ってみよう、と思う投資初心者もいるかもしれません。しかし、何も計画をたてずに注文を出すのはあまりにも無防備だといわざるを得ません。気がついたら値下がりして資産が減っていた……という事態に陥るかもしれないのです。

初心者の方には、所有している資産のすべてを投資に充てることはおすすめできません。所有している資産から投資可能資産を決め、そのうちの5分の1、10分の1にとどめておくのが良いでしょう。

実体験から学ぶという方法もたしかにありますが、投資に関しては大切な資産を減らしてしまう可能性もあるので、感覚に

CHAPTER.4　勝率を上げるために

任せて投資せず、事前に計画をたてることをおすすめします。

・損切りに踏み切れない

　投資初心者が最も陥りやすい失敗の一つとして、損切りができないということが挙げられます。値が下がり始めた場合に、どこまで下がるかわからない、あるいは下がってもまた戻ってくるだろうと考えて持ち続けていると、どんどん損失が大きくなります。ある程度まで下がったときは、思い切って損切りを決断することも大切です。一度失敗して大きく資産を減らしてしまうと、その後の投資に充てられる資産が減ってしまいますし、なにより投資に興味を持てなくなってしまいます。損切りは生き残るための手段と捉えることをおすすめします。

・投資の勉強をしない

　損失を出したとしても、その後理由を分析することなく再度同じことを繰り返すパターンも見られます。実体験から学習しないだけでなく、投資に関する情報収集も充分にしないまま取引を続けても、利益を得ることはできません。

　ビットコインの値動きはなかなか予想が難しい面もありますが、前章のチャート分析や取引手法を実践してみれば、相場の傾向をつかむヒントを得られるはずです。また、過去にどういっ

た出来事をきっかけに相場が反応したのか知ることも参考になるでしょう。ニュースをチェックして、出来事と値動きを記録した投資ノートを作ることをおすすめします。

・ネットの情報や噂を疑わない

　ビットコインに関する情報は、株式やFXに比べればいまだにそれほど多くありません。多くの投資家が、情報をインターネット上で得ているのが現状ではないでしょうか。ビットコインのニュースサイトやブログ、またはツイッター、フェイスブックなど個人のSNSを手がかりに投資を行う人も少なくないでしょう。しかし、そうした情報が必ずしも正しいとは限りません。特に個人のブログやSNSは、情報が早く入手できる反面、真偽が定かではないのが現状です。また、発信者の視点によって情報に関する印象の良し悪しも異なります。

　情報を入手した際は、情報源が信用できるかどうか、また内容の真偽について確認し、自分で考えることが大切です。

CHAPTER.4　勝率を上げるために

投資で失敗する人が陥りがちなこと

①計画を立てずに購入してしまう
②損切りに踏み切れない
③投資の勉強をしない
④ネットの情報や噂を疑わない

37 自分の投資スタンスを決めよう

　自分自身の投資スタンスを決めておくことは、資産を形成するうえで重要です。不測の事態が起きたときにも、独自のルールがあれば慌てたり迷ったりせずに済む場合があります。

・長期的な目標を定める

　例えば100万円の資産を5年で2倍にするなど、具体的な目標を設定することで、投資に対する意欲を維持することができます。投資を継続できない人の話を聞いてみると、「短期売買を繰り返してきたけれど相場を見続けることに疲れてしまった」「長期保有を決めたけれどいつ利益を確定すればいいかわからない」などというケースも少なくありません。そうした場合には、目標に対する達成度を確認することでこれくらい頑張ってみよう、あるいは少しトレードを休んでみようという手段を講じることができます。また、大きな目標をたてておけば、売買の迷いや失敗するケースが徐々に少なくなるでしょう。

・売買の金額を決める

　相場の動きが激しくなってきたときやさまざまな情報が飛び交うとき、どう判断したら良いかわからなくなり、不確かな情報

CHAPTER.4　勝率を上げるために

に踊らされて取引をしてしまうこともあるかもしれません。そうした事態を避けるためには、いくらになったら売買するという金額を決めてしまうことです。大きな損失を出さずに済む基準に沿って計算し、それ以上は追わないと決めてしまえば決断するのが楽になります。安いからといって大量に購入した挙句、更に値段を下げて損失を出すこともなくなるはずです。

・投資用と保管用を分ける

　ある程度利益を得たら、投資用と保管用に分けてしまうのも一つの方法です。分散しておくことで、すべてを失うことはなくなります。「ここまでは投資してもいい」と金額を決めてしまえば、その範囲での損益にとどまります。

・自身の判断で売買する

　当たり前のことですが、投資の判断をするのは自分自身です。どんなに情報収集をしても、プロの手法を勉強しても、売買をするのは自分自身ということを忘れないでください。情報収集をしすぎた結果、失敗することもあるでしょう。他人の意見を聞いた結果、失敗することもあるかもしれません。そのようなケースで後悔しないためにも、最終的な判断は必ず自分自身で行いましょう。

38 ビットコインの保管方法
〜ウォレットの選び方・使い方〜

　ビットコインを手に入れたら、保管するための方法について考えましょう。お札や硬貨などを持ち歩くために財布を使うのと同じく、「ウォレット」と呼ばれるアプリケーションを使います。ビットコインを保管するほか、送金、受け取りの際にも使えます。ウォレットにはさまざまな種類がありますので、用途によって使い分けることをおすすめします。それぞれの特徴を詳しく見てみましょう。

・ホットウォレット

　インターネット上に作られるもので、「ウェブウォレット」や「モバイルウォレット」があります。ウェブウォレットはパソコンからのアクセスが可能で、設定が簡単に行えるうえ、インターネット環境があればどこでも使えます。取引所が管理する独自のウェブウォレットもあり、パソコン、スマホ、タブレットなどさまざまなツールで使うことができます。手軽に利用できますが、インターネット上での利用となるためセキュリティ対策をしっかりしている会社選びが重要です。

　スマホにダウンロードして使うモバイルウォレットは、送金、受け取りだけでなく実店舗での支払いの際に使えるので大変便

利です。モバイルウォレットにも取引所が提供しているものがありますが、取引所のウォレットは基本的に「秘密鍵」を取引所が管理しています。秘密鍵とは、デジタル署名を行う際に使う本人を証明するためのデータのこと。秘密鍵を取引の署名に使うことで、ビットコインアドレスの正しい所有者からの取引という証拠になり、取引の改ざんを防ぎます。通常のウォレットは秘密鍵をユーザー自身で管理します。取引所のセキュリティも厳重であるとはいえ、秘密鍵は自ら管理することをおすすめします。また、復元フレーズをあらかじめ控えておくことで、別のデバイスへの復元も可能です。ただし、スマホの紛失や故障の際には復元フレーズがなければ仮想通貨を取り出せなくなることもあるので、自身でしっかり管理しましょう。

　送金に便利で手軽さが魅力的なホットウォレットは、仮想通貨を管理・保管するというよりは決済や一時保管に向いているといえます。

・コールドウォレット
　インターネットに接続せずに仮想通貨を管理するウォレットで、接続していないときは取引や送金などは行えません。アドレスと秘密鍵をプリントして紙で保管するタイプの「ペーパーウォレット」、専用のデバイスを使う「ハードウェアウォレッ

ト」、パソコン上に保管する「デスクトップウォレット」があります。いずれも外部からの不正なアクセスやハッキングによる盗難を防ぐことに長けているので、保管に適しています。ただし、ウォレット自体を紛失すると仮想通貨を永遠に取り出せなくなるので注意してください。

　ハードウェアウォレットは、アクセスするときに秘密鍵が必要になります。秘密鍵はウォレットで管理されていて確認することができますが、他人には決して知られないように厳重に管理してください。

　アクセスしやすく送金に便利なホットウォレット、外部からのアクセスに比較的耐性があるコールドウォレット、どちらもメリット・デメリットがあるのでそれぞれの特徴によって使い分けることをおすすめします。基本的には、保管用と持ち運び用の2つを持っておくとよいでしょう。使う分は普段用のウォレットに入れておき、それ以外は保管用に入れておくと使いやすいと思います。

CHAPTER.4 勝率を上げるために

ウォレットの種類と特徴

ホットウォレット	①ウェブウォレット ②モバイルウォレット	・インターネットに接続されている ・仮想通貨の取引が簡単に行える ・ハッキング等のリスクもある
コールドウォレット	③デスクトップウォレット ④ハードウェアウォレット ⑤ペーパーウォレット	・インターネットに接続されていない ・紛失や盗難のリスクもある ・ハッキング等のリスクは低い

大事な資産だし安全に管理しないとね

39 ビットコインの税金についても知っておこう

　ビットコインを売買して得た利益は所得税の課税対象となります。取引や決済の際に発生する損益もその対象となることを覚えておきましょう。

　国税庁は 2017 年 9 月より、ビットコインをはじめとする仮想通貨を売却または使用した場合の利益を「雑所得」に区分しています。雑所得の金額が合計 20 万円を超える場合は確定申告が必要となります。課税対象となるのは次のような場合です。

・利益を売却して日本円に換金した
・仮想通貨で商品を購入した
・ほかの仮想通貨と交換した
・ハードフォークにより付与された新規コインを売却して日本円に換金した。または使用した。ほかの仮想通貨と交換した
・マイニングで得たビットコインを売却して日本円に換金した。またはほかの仮想通貨と交換した

　利益の確定や売買のタイミングによって適用されるレートが変わるため、税率が異なります。そのため損益の記録を取って

おくことが必要となります。

　所得税の計算方法については、国税庁のホームページを参照するほか、税理士に問い合わせましょう。

〈国税庁ホームページ〉
仮想通貨に関する所得の計算方法等について（情報）
http://www.nta.go.jp/shiraberu/zeiho-kaishaku/joho-zeikaishaku/shotoku/shinkoku/171127/01.pdf

　また、譲渡所得が 50 万円を超える場合にも課税対象となり、確定申告が必要となります。譲渡所得とは、例えば「人からビットコインを譲り受けた」場合を指します。

　確定申告の詳細については税理士または税務署で必ず確認してください。

ビットコイン課税のまとめ

・20 万円を超える雑所得は確定申告が必要
・決済やほかの仮想通貨への交換も課税対象となる
・売買で損失しても、ほかの所得と通算はできない

40 最新情報を チェックしよう
～ビットコイン関連情報サイト紹介～

　ビットコインの取引を始めたら、相場の動きをチェックしておきましょう。日々のニュースに目を通して世の中の動きをつかむことで、どんなときにビットコインの相場が動くか徐々にわかってくるのではないかと思います。

　ビットコインに関する情報は、まだそれほど多くはないのが現状です。以下に挙げるサイトはいずれも情報量が多く読み応えがあるので、投資の参考にしてください。

「コインチョイス」
https://coinchoice.net/

　ビットコインをはじめとする仮想通貨の情報サイト。仮想通貨ごとに基礎知識から最新ニュースまで網羅し、初心者にもわかりやすく解説しています。法規制や税金について解説するページもあり、広範囲にわたる情報収集に役立ちます。

CHAPTER.4　勝率を上げるために

「ビットコインラボ」

https://bitcoinlab.jp/

特集、連載企画、コラムなど仮想通貨関連の情報をカテゴリー別にわかりやすくまとめています。お得情報やキャンペーンを配信する無料メールマガジンもあり、洗練されたサイトデザインが特徴です。

「Bitcoin日本語情報サイト」

https://jpbitcoin.com/markets

ビットコイン関連のニュースをはじめ、基礎知識、リアルタイムの国内市況および海外市況、取引所、ウォレットの紹介などビットコイン投資に必要な情報が満載されています。そのほか、アルトコインの情報も豊富に扱っています。

「ビットプレス」
https://bitpress.jp/

　取引所一覧が見やすく、これから投資を検討するときに参考になります。専門家によるレポート、ブログやツイッターとの連携もあり、最新情報をチェックできます。

Column 5 金貨でコーヒーは買えるのか?

通貨の本質は「測る」「定める」「使える」

　例えばあなたが「金貨」を持ってコンビニやスーパーに行ったとします。レジでの支払いの際、店員に金貨を渡し、果たして買い物ができるでしょうか。おそらくは受け取ってもらえないと思います。バカバカしいたとえだと思うかもしれませんが、実は「通貨」の役割を考えるときに重要なポイントは、ここにあります。金貨の価値は誰でも知っているはずなのに、コンビニでの買い物には使えない。価値があることと決済（支払い）に使えるかどうかは別ということを、私たちはつい忘れがちなのです。

　「現金」はとても便利で、それのみで「価値」と「決済」の両方の機能を備えていますが、そもそも「通貨」の定義は「価値を測る」「価値を保存する」そして「交換する」ことができるという3点のみ。例えば「お米10キロとキャベツ30個は交換できるのだろうか?」という問いにとっさに返事ができる人は、多くないのではないでしょうか。これを容易にするのが「価値を測る」です。キャベツ1個をいくら、お米10キロはいくら、と決めれば交換はカンタンですよね。「価値を保存する」というとなんとなく難しそうですが、使い古した1万円札も真新しい1万円札も価値はまったく同じです。「交換する」はもちろん支払いを意味します。相手が受け取ってくれるという大前提があって初めて、私たちは「通貨」を使用した経済活動に参加できるのです。あらためて「お金」をじっくり眺めてみてください。「なんでこんな紙切れでモノを売ったり買ったりできるんだろう?」なんて気持ちになりませんか?

Column 6 インチキできない「改ざん不可能な電子データ」

〜ブロックチェーン。みんなで見ているから安心〜

　昨今、「文書改ざん」という言葉をよく耳にします。例えば公的な文書の内容が書き換えられるようなことがあったら、私たちは何を信じればいいのかわからなくなってしまいます。文書そのものの信用にとどまらず、管理者の信用も当然失墜してしまうでしょう。

　このようなことを防げるのも、ブロックチェーンの特長です。ブロックチェーンによって管理されるデータは世界中の誰もが閲覧でき、改ざんが事実上困難であることはこれまでにも述べたとおりですが、ここで、同じように複数の人によってデータを管理する「オンラインストレージ」を例にブロックチェーンと比較してみましょう。

　GoogleドライブやDropboxなどで文書を管理されている方には比較的なじみのある言葉ではないでしょうか。これらは複数の人または場所からファイルを一元管理するものです。ひとつのファイルをみんなで管理することができ、データの更新履歴がすべて残るので、万が一不正・改ざんがされた場合、他の閲覧者がそれを見つけることができる仕組みです。

　ただし、パーソナルユースを前提としているオンラインストレージでは、履歴はすべて残るものの権限者であれば文書の修正・訂正・消去が可能です。ということは、権限者であっても不正が行えないような仕組みがあれば、不正や改ざんが行われることは事実上ありえないということになります。それを実現するのがブロックチェーンなのです。

　ブロックチェーンは世界中どこからでもデータを閲覧できる技術ですが、不正な修正、訂正、もちろん消去もできません。いわば改ざん不可能なオンラインストレージの大親分です。何千人・何万人の世界中の人が監視するな

かで、データへの不正を働くことは、事実上不可能なことです。

世界中のあらゆる人間が監視するというこの仕組みこそが、信用に繋がるのです。

とはいえ、実際に公的文書の保存などに役立てていくには、ブロックチェーンの長所が課題になることもあります。ブロックチェーンはあくまでデータを「保存」することに特化したシステムです。そのため、データの書き換えが必要な場面であっても修正することができません。

例えば文書を改訂する場合など、かえって情報を書き換えられる方が良い場面もあるでしょう。また、機密情報や秘密情報、個人情報を公開することは物理的にできず、内部体制や執行体制に左右されます。用途によってはその良さを発揮しないかもしれません。

このように用途や管理方法を考える必要はありますが、利便性を活かした使い方をすれば「改ざん問題」による混乱をなくせる仕組みなのです。

おわりに

　最後までお読みいただき、ありがとうございます。ビットコインの基礎知識や投資商品としての魅力について初心者にもわかりやすいようにお話ししてきましたが、いかがでしたか？　難しい話をわかりやすく伝えているため、表現によっては誤解を招く箇所もあるかと思いますが、本書で少しでも理解を深めていただけたのであれば幸いです。

　2017年はビットコインにとって、時価総額の上昇はもとより認知度や普及度の高まりにおいても注目を集める年であったといえるでしょう。また、それに伴い規制強化や法整備、度重なるハードフォークなどさまざまな出来事があり、転機の年ともなったといってよいのではないかと思います。投資を始めた人も急速に増加しました。

　そして今、仮想通貨を取り巻く状況は驚くべきスピードで変化し続けています。大手銀行が独自の仮想通貨の発行計画を進めているというニュースをはじめ、世の中の仮想通貨への見方が変わっていくと思われる話題が絶えないことに、大きな希望を感じています。

本書を通じて私は、仮想通貨には未来があるということをお伝えしたいと思います。まずは、投資をすること自体がみなさんの未来を変えることにつながります。手元にある資金をどう活用するか。何年後にどのくらいの資産を形成しているか。そのために何をするべきか。増やした資産で何をするか――。そう考えるとき誰もが未来を見つめ、希望を抱きます。同時にそれは仮想通貨の未来を大きく変えていく一歩ともなるのです。仮想通貨のこれからを担うのはまさにみなさん自身です。

　また、ビットコイン自体が未来を変える未来を変えるお金であり、世界を変える技術だと確信しています。現在すでに世界中で取引が行われていますが、いずれは仮想通貨全体における基軸通貨としてだけでなく、法定通貨にとって代わる役割を担うのではないかと考えています。さらには、ビットコインの普及と前後して、その技術を支えるブロックチェーンは、金融における新たなシステム構築に活用されるだけでなく改ざんや不正が行われにくい特性を活かした新たなインフラとして浸透していくでしょう。

　ブロックチェーンとビットコインは、従来にない画期的な技術として私たちの生活に快適さをもたらしてくれるのではない

でしょうか。そのような期待の高まりと同時に、投資商品として今後もさらなる注目を集めながら成長していくことを願っています。まだ進化の途上にある今、仮想通貨投資を始めるのに絶好の機会であると考えています。

　本書を読んで気になったら、まずは仮想通貨を始めてみてください。それがみなさんの未来への第一歩となることを強く願います。

2018 年 5 月吉日　伊藤誠規

これだけは知っておくべき 用語・キーワード

アルトコイン
ビットコイン以外の仮想通貨のこと。ビットコインの代替という意味の「alternative coin」から「アルトコイン」と呼ばれます。

ICO（イニシャル・コイン・オファリング）
仮想通貨を使った資金調達の新たな形。企業が資金調達の際にオンライン上で資金を募るクラウドファンディングや、新規株式公開のIPO（Initial Public Offering）の仮想通貨版とイメージするとわかりやすい。

オシレーター系指標
テクニカル指標の一つ。買われすぎ、売られすぎを判断するのに用いられる。

改正資金決済法
2017年4月1日施行。この法律により、ビットコインをはじめ仮想通貨は財産的価値を持つとされ、政府によって「通貨」として認められることになった。

逆指値注文
自分が指定した価格で売買する注文方法。現在より悪い価格を指定する方法で、トレンドに沿った売買や損失の限定を目的に用いられる。

現物取引
保有資金で実物の仮想通貨を売買すること。

指値注文
自分が指定した価格で売買する注文方法。現在より良い価格を指定して売買する。

時価総額
仮想通貨における時価総額とは「通貨発行量×市場価格」で算出される評価指標。

証拠金
レバレッジ取引を始める際に必要な資金のこと。レバレッジ10倍で100万円の取引をする場合は、10万円が証拠金となる。

スケーラビリティ問題
ブロックチェーンのブロックサイズが1メガバイトに制限されているため、生じた問題。1ブロックに書き込めるトランザクションの数が限られるため、取引の増加に伴ってデータ処理速度が遅くなり、送金に時間がかかった。

スプレッド
売値と買値の差のこと。

スマートコントラクト
イーサリアムがもつブロックチェーン上で契約をプログラム化する仕組み。

チャート
過去の値動きを、価格や時間を軸としてグラフにしたもの。1分足、5分足から月足、年足などさまざまな期間のレートの流れがひと目で把握できる。また、値動きを予想するための線を引いたり、テクニカル指標を表示させたりして使う。

追加証拠金
レバレッジ取引で大きな損失を出すと、残高が必要な証拠金を下回ってしまうことがあり、これが一定の水準を下回ると、決められた期日までに追加で保証金を預ける必要がある場合もある。これを追加証拠金という。

トランザクション
仮想通貨におけるトランザクションとは、送金や売買の取引データをいう。

取引所
仮想通貨取引を提供する所。口座を開設しているユーザー同士が売買できるマッチングをおこなう。

トレンド
方向感の有無を表し、長期的に見られる仮想通貨の相場傾向をいう。

トレンド系指標
テクニカル指標の一つ。相場のトレンド（上昇している、下降している）や流れを判断するのに用いられる。

成行注文
現在の提示価格で売買する注文方法。

2段階認証
取引所のログインパスワードに加え、さらに確認コードによる認証を行うことで、アカウントのセキュリティをより強化するための仕組み。

ハッシュ
あるデータを変換して得られる固定長のデータのこと。データを一方向にしか演算できないのが特徴で、ハッシュ化されたデータを元のデータに戻すことはほぼ不可能。また元のデータを1文字でも変更するとハッシュ化されたデータは全く違う結果となり、元データを推測することを不可能にしている。

ハードフォーク
フォークはアップデートを意味し、ハードフォークとは互換性のない異なるルールがアップデートされること。ブロックチェーンのハードフォークに

より、その仮想通貨がアップグレードされたり、ほかの仮想通貨が誕生したりする。

発行主体
通貨や債権を発行する主体。日本円の発行主体が日本銀行であるのに対し、多くの仮想通貨には発行主体が存在しない。

販売所
仮想通貨を販売所運営会社から直接購入できる所。

P2Pネットワーク
中央サーバを用意せず個々の端末(Peer)同士で成立するネットワークのこと。

含み益／含み損
所有する仮想通貨の価格変動が起こることで、売却した場合に生じる利益または損失。

プルーフ・オブ・ワーク
ビットコインなどの仮想通貨はマイニングの際に膨大な計算量が必要となり、この作業量（CPUの計算量）に応じてマイニング報酬の期待値が決まるという仕組み。

ブロックチェーン
仮想通貨が発行されてから現在までに発生した取引をすべて記した台帳のこと。ネットワーク参加者が取引をお互いに監視して取引記録を共有するため、データ消失の心配がなく、安全性が高いと言われている。

分散型台帳システム
オープンなネットワーク上で、金融取引など高い信頼性が求められる分野のデータのやりとりや共有を可能にするシステム。ブロックチェーンはこのシステムのひとつ。

ポジション
保有している売り買いの持ち高。仮想通貨取引においてはレバレッジ取引の際に新規注文によってポジションを保有する。

ホワイトリスト
ホワイトリストは通称であり、金融庁に登録された仮想通貨交換業者が取り扱っているコインが「ホワイトリスト入りコイン」と呼ばれている。ホワイトリスト以外のコインは日本国内で取引できないことになっている。

レバレッジ
「テコの原理」を意味し、証拠金を預け入れることで手元にある資金の何倍もの取引を行い、取引によって出た損益分だけを受け渡す方法。

レンジ
レンジは範囲・領域・射程距離の意。ある一定の範囲内で、上下動を繰り返す相場のこと。ボックス相場とも言う。

ローソク足
チャートのグラフ形の1つ。1本の足に始値、高値、安値、終値の4本値と、終値が始値よりも高く終わったか、安く終わったかを表している。明治30年頃に日本で開発された。

ロスカット
含み損が大きくなりすぎた場合に自動的に行われる強制決済のこと。

Index

【英字】

ASIC………61

Ask Mona………66

BCH………62,78,79,80,81

cryptocurrency………28

ETC………60,78,80

FX………20,24,47,100,110,146,152

ICO………54,55,56,57,113,171

IPO………54,171

LTC………60,78,79,80

MONA………66,78,79,80

NEM………64,65,114,115

P2P………34,36,50

PEPECASH………67

RSI………132,133

Segwit………62,66

XRP………63,79,80

【あ】

アトミックスワップ………66

アルトコイン………18,19,58,60,61,68,77,84,163,171

イーサリアム………18,53,58,59,60,63,77,173

イーサリアムクラシック………60

板情報………97,99

移動平均線………124,125,126,127,130

一目均衡表………129,130,131

一目山人………129

陰線………101

ウェブウォレット………156,159

ウォレット………16,32,36,37,156,157,158,159,163

億り人………19,148

オシレーター系指標………171

終 値 ………100,101,124,132,134,177

【か】

改正資金決済法………76,84,85,113,115,171

下降トレンド………102,103,125,129,130,132

仮想通貨元年………113

基準線………129130,131

逆指値………82,104,105,106,172

逆張り………129,134,138,139

強制決済………121,177

金銭債務の弁済手段………30

草コイン………68,69

雲………129,130,131

現物取引………94,116,120,172

口座開設………46,68,86,87,88

ゴールデンクロス………126,127

コールドウォレット………157,158,159

【さ】

詐欺コイン………68,69

差金決済………116

指値注文………82,104,105,106,172

雑所得………160,161

サトシ・ナカモト………34

時価総額………18,53,58,60,62,63,64,66,172

市況………163

週足………132

順張り………129,134,138,139

証拠金………97,118,121,122,123,172,173,176

上昇トレンド………102,103,125,129,130,132

譲渡所得………161

所得税………160,161

スケーラビリティ問題………62,172

スプレッド………40,83,173

スマートコントラクト………53,58,59,173

先行スパン………129,130

損切り………136,137,148,151,153

【た】

高値………101,113,115,130,134,135,177

短期売買………134,146,147,154

遅行スパン………129,130,131

追加証拠金………118,173

長期売買………146

テクニカル指標………124,127,129,132,134,136,171,173,174

デジタル通貨………12

デスクトップウォレット………158,159

デッドクロス………126,127

転換線………129,130,131

電子マネー………32,33

トークンセール………54

ドテン………141

トランザクション………40,44,48,61,97,172,173

ドルコスト平均法………142

トレンド………102,103,106,124,125,127,129,130,131,132,134,135,138,141,172,174

トレンド系指標⋯⋯⋯174

【な】

投げ銭⋯⋯⋯66

成行注文⋯⋯⋯104,174

ナンピン⋯⋯⋯140

年足⋯⋯⋯96,102,173

【は】

バーチャート⋯⋯⋯100

ハードウェアウォレット⋯⋯⋯157,158,159

ハードフォーク⋯⋯⋯62,85,113,114,160,174

始値⋯⋯⋯100,101,177

発行主体⋯⋯⋯28,30,31,32,33,42,175

ハッシュ値⋯⋯⋯49

ハッシュパワー⋯⋯⋯65

バンドウォーク⋯⋯⋯128,129

日足⋯⋯⋯132,134

ビットコインキャッシュ⋯⋯⋯62,64,113,115

ビットコインゴールド⋯⋯⋯113,115

必要証拠金⋯⋯⋯123

ピボット⋯⋯⋯134,135

秘密鍵⋯⋯⋯157,158

ブリッジ通貨⋯⋯⋯63

含み損⋯⋯⋯121,136,138,175,177

プルーフ・オブ・ワーク⋯⋯⋯45,175

ブロックチェーン⋯⋯⋯12,29,38,42,45,48,49,50,51,52,53,58,59,60,62,64,71,91,166,167,172,173,174,176

分散型台帳システム⋯⋯⋯12,176

分裂⋯⋯⋯113

ペーパーウォレット………157,159

法定通貨………30,31,46,72,78,79,80,81

ポジション………99,141,176

ホットウォレット………156,157,158,159

ホワイトペーパー………56

ボリンジャーバンド………127,128,129

【ま】

マイナー………42,43,44,45,46,50,51,61,65,68

マイニング………42,43,44,45,46,47,61,65,71,160,175

マウントゴックス………111,112

モナコイン………65,66,67

モバイルウォレット………156,157,159

【や】

約定………97,105

安値………101,130,134,135,177

陽線………101

【ら】

ライトコイン………60,61,65

ラインチャート………100

利食い………136,137,148

リップル………18,63,64,77

レジスタンス………134

レバレッジ………46,94,96,116,117,118,119,121,146,172,173,176

レンジ………102,103,125,130,132,141,177

ローソク足………100,101,102,124,125,127,129,130,131,136,143,177

ロスカット………121,122,123,177

伊藤誠規（いとう せいき）

1980年生まれ。大学卒業後、2005年よりFX会社に入社。FXオンライン事業の立ち上げを担当し、ディーリングやマーケティング、内部管理や資金管理など幅広くFX事業に従事した他、取締役として同事業を取引高業界No.1のサービスに育て上げる。また、同グループの親会社である上場会社の執行役員、証券会社取締役を兼任。2011年にトレイダーズ証券入社後、取締役に就任。FX事業責任者、バイナリーオプション及びBtoB事業の立ち上げに携わる。同グループの親会社である上場会社トレイダーズホールディングスの執行役員及びシステム会社であるNextop.Asia取締役を兼任。2016年には同グループの仮想通貨事業開始の為、みんなのビットコイン株式会社を設立し取締役に就任。2017年3月、仮想通貨取引サービスをリリースし同年6月より代表取締役社長に就任。著書に『バイナリーオプション超入門「上か」「下か」を選んで待つだけのシンプル投資術』（幻冬舎MC）がある。

初心者が失敗しない
取引所だけが書ける「仮想通貨」投資術

発 行 日　2018年5月16日　初版第1刷発行

著　　者　伊藤誠規

装　　丁　大場君人
イラスト　坂木浩子
図版作成　株式会社ウエイド
Ｄ Ｔ Ｐ　松井和彌
校　　正　鷗来堂
制作協力　森下烈
　　　　　佐野理恵
　　　　　雨夜千尋
　　　　　トレイダーズグループ
編　　集　加藤有香

発 行 人　北畠夏影
発 行 所　株式会社イースト・プレス
　　　　　〒101-0051
　　　　　東京都千代田区神田神保町2-4-7 久月神田ビル
　　　　　TEL 03-5213-4700　　FAX 03-5213-4701
　　　　　http://www.eastpress.co.jp

印 刷 所　中央精版印刷株式会社

※本書の無断転載・複製を禁じます。
※落丁本、乱丁本は購入書店を明記のうえ、小社宛にお送りください。
　送料小社負担にてお取替えいたします。

©Seiki itoh 2018, Printed in Japan
ISBN 978-4-7816-1665-0 C0033